Franziska Brocksch

The Sound of Disney

Franziska Brocksch

The Sound of Disney

Filmmusik in ausgewählten Walt Disney-Zeichentrickfilmen

Tectum Verlag

Franziska Brocksch

The Sound of Disney
Filmmusik in ausgewählten Walt Disney-Zeichentrickfilmen

ISBN: 978-3-8288-2859-9

Umschlagabbildung: © sellingpix | www.istockphoto.com
Printed in Germany

Besuchen Sie uns im Internet
www.tectum-verlag.de

Bibliografische Informationen der Deutschen Nationalbibliothek
Die Deutsche Nationalbibliothek verzeichnet diese Publikation in der Deutschen Nationalbibliografie; detaillierte bibliografische Angaben sind im Internet über http://dnb.ddb.de abrufbar.

Inhaltsverzeichnis

1 Einleitung

Musik in ihrer Rolle im Film kann im Vergleich zur Geschichte der Musik bisher auf eine eher kurze Entwicklung zurückschauen. Während letztere bis zu ihren Ursprüngen auf eine über 35000-jährige Tradition zurückblickt, finden sich die ersten Ursprünge der Filmmusik im Jahre 1895. Die Filmmusik ist, wie ihr Name bereits andeutet, an das Genre des Films gekoppelt. Diese Verknüpfung macht sie zu etwas Besonderem unter den Musikrichtungen. Interessanterweise ist es gelungen, dass sich die Filmmusik innerhalb ihres nur kurzen 115-jährigen Bestehens bereits sehr vielfältig entwickelt hat. Viele Wissenschaftler haben sich schon mit dem Phänomen auseinandergesetzt und Verfahrensweisen, Funktionen und Filmbeispiele analysiert. In diesem Zusammenhang hat Hansjörg Pauli angedeutet, dass jede historische Darstellung, jede Analyse der Filmmusik oder Beschreibung im Zusammenhang mit Filmmusik immer auch etwas mit dem eigenen persönlichen Blickwinkel auf die Betrachtungen zu tun hat.[1] Analysen von Musik im Film werden sich neben einer ausführlichen Beschäftigung mit der Theorie trotzdem immer auch auf den subjektiven Eindruck der Person, die analysiert, stützen. So können durchaus unterschiedliche Eindrücke und Meinungen über dieselbe Musik in derselben Szene eines Films unterschiedlich interpretiert werden. Entscheidend dabei ist, ein Minimum an Objektivität zu wahren und sich an allgemeingültigen Theorien zu orientieren.

Gerade weil dieses Genre so besonders und noch sehr jung in seiner Entwicklung ist, ist es interessant, sich mit ihm auseinanderzusetzen. Einen Sonderfall hierbei stellen die Animationsfilme dar. Entgegen den Realfilmen bieten sie eine ganz andere Form der Filmmusik, die sie in ihrer Untersuchung besonders spannend werden lässt.

Die Analyse der Musik im Film ist unter komparatistischen Gesichtspunkten deshalb so wertvoll, weil sie einen Einblick in das Wirken der Musik im Zusammenhang mit einem Bild im Film gibt. Der besondere Umstand eines Animationsfilms gestaltet den Vergleich diffiziler. Um einen Überblick über die Filmmusik im Animationsfilm als eine spezielle Form der Filmmusik zu geben, ist es sinnvoll, sich auf mehrere Animationsfilme zu konzentrieren. Die Einschränkung auf Disney-Animationsfilme empfiehlt sich dabei besonders, da Walt Disney, der die Disney Company ins Leben rief, von jeher besonders großen Wert auf Musik in seinen Filmen gelegt hat. Daher ist deren Analyse nicht nur interessant für die Anwendung der Musik im Animationsfilm allgemein,

1 Vgl. Pauli, Hansjörg: Filmmusik: Stummfilm. Stuttgart: Klett-Cotta 1981. S. 13.

sondern auch in ihrer perfektionierten Ausführung. Schließlich spiegelt sich die Entwicklung der Filmmusik allein schon in den Animationsfilmen der Disney Company wieder.

Um einer komparatistischen Untersuchung der Medien Musik im Animationsfilm und der musikalischen Anwendung in den diversen Beispielfilmen gerecht werden zu können, wird sich diese Analyse auf die Theorien der Filmmusik im Realfilm stützen. Trotz der Unterschiede zwischen Real- und Animationsfilm, sind die Analyseverfahren durchaus für beide Genres anzuwenden, wenn bestimmte Abweichungen und daraus resultierende Abweichungen der Analyse beachtet werden.

Da die Disney Company eine enorme Anzahl und Vielfalt an Animationsfilmen produziert hat, wird sich diese Untersuchung auf acht Animationsfilme mit Schwerpunkt auf den Musicalcharakter stützen. Diese eignen sich am besten für eine klare Analyse. Unter Beobachtung stehen hierfür die Filme *Schneewittchen und die Sieben Zwerge, Bambi, Cinderella, Das Dschungelbuch, Arielle, die Meerjungfrau, Die Schöne und das Biest, Der König der Löwen* und *Küss den Frosch*. Die Filme wurden aufgrund ihres Musicalcharakters, ihrer Entstehungszeit und ihrer Bekanntheit ausgewählt. Die Auswahl dieser Filme ermöglicht einen Überblick über die Verfahren und Anwendung der Filmmusik in den Animationsfilmen der Disney Company.

Für eine möglichst objektive Analyse wird zunächst die historische Entwicklung der Filmmusik betrachtet werden. Im Anschluss werden die acht Disneyfilme nach dem Vorbild des Analysemodells Fred Karlins vorgestellt und in Kombination mit gängigen Theorien zur Filmmusik abwechselnd analysiert.

2 Filmmusik – eine synthetische Einheit?

Bei der Auseinandersetzung um das Genre Filmmusik fällt es zunächst schwer, eine eindeutige Definition zuzuordnen. Allein die überblicksartigen Beschreibungen der zu analysierenden Disney-Filme werden zeigen, dass der Filmmusik keine festgelegte musikalische Gattung oder ein bestimmter Stil zugesprochen werden kann. Stattdessen richtet sich der Tenor der Musik nach dem Film. Aus diesem Grunde entzieht sich die Filmmusik auch einer eineindeutigen Definition. Tatsache ist, dass jede Musik, egal ob nur ein Ton, Klang oder Geräusch, zu „Filmmusik" werden kann, „[...] wenn sie bewußt und aus dramaturgischen Gründen zu den Bildern eines Films gesetzt wird.[...] Filmmusik bedeutet eine funktionale und formale Kategorisierung."[2] Diese Kategorisierung gilt es herauszufiltern.

Zofia Lissa versucht sich an einer Art Definition. Sie versteht den Tonfilm als eine „Synthese vieler Künste"[3]. Als synthetisch bezeichnet sie eine Kunstgattung, wenn ein Werk auf dem Zusammenwirken verschiedener bereits bestehender Kunstarten aufbaut. Für sich genommen existiert ein musikalisches Werk nur autonom. Wenn allerdings zwei oder mehr Werke zusammenwirken, bilden sie einen neuen Werktyp. Beispielsweise existieren Musik und Poesie für sich autonom, bilden jedoch im Lied, der Vokalmusik, eine neue Ganzheit. Übertragen auf den Film verbinden sich Bild und Musik ebenfalls zu einer solchen Einheit. Trotzdem dominiert im Film die visuelle Schicht, das Bild. Die Musik ist dem Bild dabei unterworfen, bildet allerdings zusammen mit dem Bild eine viel stärkere Einheit als in anderen synthetischen Künsten.

> Wenn das Bild einen konkreten einzelnen Inhalt gibt, so gibt die Musik dessen allgemeinen Untergrund: Das Bild „vereinzelt", konkretisiert, die Musik verallgemeinert, gibt allgemeine Ausdrucksqualitäten oder Charakteristiken und dehnt damit den Wirkungsbereich des Bildes aus. Darin besteht dem Wesen nach das ergänzende Zusammenwirken beider.[4]

Aufbauend auf dieser Theorie spricht Lissa der Musik im Film eine besondere Bedeutung zu und stellt fest, dass Musik im Film als einem synthetischen Kunstwerk darauf beruht, „[...] daß sich die Musik auf *alle* Elemente dieses Werkes beziehen und damit als *integrierender* Faktor der

---

2 Schneider 1990: S. 19.

3 Lissa, Zofia: Ästhetik der Filmmusik. Berlin: Henschel Verlag 1965. S. 25.

4 Ebd. S. 20.

Ganzheit wirken kann."[5] Während die einzelnen autonomen Kunstarten isoliert sprechen, vollzieht sich im Film ein Zusammenwirken aller Künste. Dieses stellt sich entweder parallel, kreuzend oder kontrapunktisch dar. Dabei ist die Synthese der Künste in einem synthetischen Kunstwerk nicht einfach eine Summierung der Mittel dieser Künste. „Das synthetische Kunstwerk ist trotz der Mannigfaltigkeit seiner Elemente eine Ganzheit. Jedes Element der Ganzheit ist für deren Charakter entscheidend, aber die Ganzheit wirkt auch auf jedes einzelne ihrer Elemente zurück."[6] Diese Theorie ist Grundvoraussetzung für ein Verständnis von Lissas Ausführungen über die Beziehungen zwischen Filmmusik und Bildinhalten. Gleichzeitig gibt sie einen Ansatz, der es ermöglicht Filmmusik einschränkend zu definieren.

Die Idee des Gesamtkunstwerkes ist nicht neu und erinnert an Richard Wagner. Viele Filmtheoretiker konnten diesem Konzept nicht folgen, da es zumeist bei einer Symbiose zweier oder mehrere Künste zu einem Verlust der autonomen Künste kommt. Auch in Lissas Modell ist dies der Fall. Trotz vieler Kritiker schließt sich Norbert Jürgen Schneider der Sicht Lissas an und definiert den Film ebenfalls als Gesamtkunstwerk.[7]

Einer der Kritiker dieser Theorie ist Hansjörg Pauli. Er beschreibt den Film als eigenständiges Phänomen, das aus einer Verbindung von visuellen und akustischen Ereignissen besteht. Dieser Komplex wird aus Bildton und Fremdton aufgebaut. Zum Bildton gehören alle akustischen Ereignisse, deren Herkunft von den visuellen Ereignissen ausgewiesen wird. Darunter fallen die Sprache als direkte Rede, Geräusche, Effekte und Musik im Bild - Töne, von denen der Zuschauer annimmt, dass sie von den Protagonisten im Film wahrgenommen werden. Der Fremdton setzt sich aus akustischen Ereignissen zusammen, deren Herkunft nicht von den visuellen Ereignissen ausgewiesen wird. Darunter fallen Sprache als Kommentar und Musik als Begleitmusik - Töne, von denen der Zuschauer weiß, dass die Protagonisten sie nicht wahrnehmen können und zu den Konventionen des Mediums Film gehören.[8]

Schneider unterscheidet in seinem theoretischen Ansatz in Archivmusik (diese wird auf Vorrat komponiert und archiviert) und in „Nicht-Filmmusik". Bei ihm zeichnen sich die Kategorien der Musik durch Musik „im on" und Musik „im off" aus. Die Musik „im on" befin-

---

5 Ebd. S. 27.

6 Ebd. S. 28.

7 Vgl. Schneider 1990: S. 63.

8 Vgl. Pauli 1981: S. 14 f.

det sich sichtbar im Film und wird als Bildton der Szenenmusik beschrieben. So kann diese Musik genauso durch Musik aus einem im Film abgebildeten Radio produziert werden, wie auch durch ein Orchester einer abgebildeten Bühnendarstellung. Die Musik „im off" stellt den Fremdton der Musik dar, der nicht in der realen Filmszene begründet sein kann. Hierbei handelt es sich um die Filmmusik im engeren Sinn - Musik, die nur der Zuschauer wahrnimmt, jedoch nicht die Darsteller, wie zum Beispiel eine musikalische Untermalung eines Sonnenaufgangs.[9] Im Englischen wird diese Form der Musik als „score" bezeichnet.

Das Bewusstsein die Filmmusik tatsächlich gezielt einzusetzen, so dass eine derartige Unterteilung sinnvoll erscheint, hat sich erst nach der Stummfilmzeit herauskristallisiert, da die Kinopianisten oft zufällige Musik aus ihrem Repertoire gewählt haben. Die Versuche Musik in bestimmte Kategorien einzuordnen und zu betiteln, umhüllt den Versuch einer Definition der Filmmusik. Aufgrund der vielfältigen Anwendung wird es nicht gelingen eine umfassende und zufriedenstellende Definition zu finden. Allerdings ermöglichen die Kategorien und Differenzierungen eine Art sinnvoller Einordnung der Musik, die ihre Analyse erleichtert.

9 Vgl. Schneider 1990: S. 19.

3 Geschichte der Filmmusik

Die Geschichte der Filmmusik ist genauso alt wie die Geschichte des Films selbst. Die Filmmusik hat sich dabei in die verschiedensten Filmgenre integriert. Ob Realfilm oder Animationsfilm – im Laufe der Entwicklung kam der Filmmusik von jeher ein erhöhter Aufmerksamkeitsgrad zu.

Während sich im Medium des Realfilms beobachten lässt, dass die Soundtracks meist von Stimmaufzeichnungen dominiert sind, lassen sich im Animationsfilm regelmäßig Arbeiten finden, die ohne das gesprochene Wort auskommen. Damit haben Geräuscheffekte und Musik einen verhältnismäßig großen Anteil an der Vermittlung der Aussage eines Films.[10]

3.1 Die Anfänge des Stummfilms

Schon zu Beginn der Stummfilmzeit wurde dem Film Musik in Form von Klavierbegleitung zur Seite gestellt. Zum einen kam hierbei die bereits überall bekannte Verwendung der Musik in anderen Künsten wie der Oper, Operette oder des Vaudevilles zum Tragen,[11] so dass der Gebrauch der Musik zum Film das Vertrauen des Publikums gegenüber dem neuen Medium „Film" schuf. Zum anderen gab es rein praktische Gründe für die Verwendung von Musik. Man wollte dem Kinobesucher die Angst nehmen in einem abgedunkelten stillen Raum zu sitzen. Das vermutlich stärkste Argument für den Gebrauch der Musik ist allerdings die Tradition der Verbindung von Musik und Bewegung. Schon allein diese Tradition rechtfertigt die Einführung der Musik in den Stummfilm und später in den Tonfilm. In der Gesamtheit ihrer gewinnbringenden Eigenschaften vermittelte die Musik ein atmosphärisches Ambiente, welches die Zuschauer für die Faszination Film vereinnahmte.[12]

---

10 Vgl. Furniss, Maureen: Klang im Animationsfilm. http://beta.see-this-sound.at/kompendium/abstract/73. (12.03.2010)

11 Vgl. Pauli, Hansjörg: Filmmusik: Ein historisch-kritischer Abriss. In: Schmidt, Hans-Christian (Hrsg.): Musik in den Massenmedien, Rundfunk und Fernsehen – Perspektiven und Materialien. Edition Schott 6664. Mainz: B. Schott's Söhne 1976. S. 91.

12 Schneider, Norbert Jürgen: Handbuch Filmmusik I – Musikdramaturgie im Neuen Deutschen Film. Kommunikation audiovisuell. Beiträge aus der Hochschule für Fernsehen und Film München. Band 13. 2. Überarbeitete Auflage. München: Verlag Ölschläger GmbH 1990. S. 19.

Bereits zur ersten öffentlichen Stummfilmvorführung, die die Brüder Lumière am 28. Dezember 1895 im Pariser "Grand Cafè" veranstalteten, spielte ein Pianist begleitende Musik zum Film. Zu Beginn des Stummfilms wurden die meisten Filmvorführungen entweder von einem Pianisten, einem Harmonium oder einem hauseigenen Orchester begleitet. Den damaligen Film als Stummfilm zu bezeichnen, ist demnach eher fragwürdig, da es nie wirklich einen Film ohne eine Tonschicht gegeben hat.

Auch die animierten Filme wurden bis zum Ende der 1920er Jahre fast immer von Live-Vertonungen begleitet. Die Handlung wurde mündlich zum Film erzählt, so dass der Inhalt an die jeweilige Zuhörerschaft angepasst und auf aktuelle Ereignisse Bezug genommen werden konnte. Geräuscheffekte wurden vor Ort mit Hilfe der vorhandenen Objekte erzeugt. Nur in ganz wenigen Fällen entstanden Originalpartituren für animierte Filme. Wolfgang Zeller z.B. komponierte eine Begleitung für Lotte Reinigers *Die Abenteuer des Prinzen Achmed* (DE 1926). Dieser Film gilt als erster animierter Film in Spielfilmlänge.[13]

Üblicherweise war es den Musikern zunächst selbst überlassen welche Stücke sie spielten und so wurde meist das eigene Musikrepertoire hinzugezogen. Da der Film zu Beginn des 20. Jahrhunderts eher einem proletarischen Massenvergnügen glich, fanden die Aufführungen vordergründig in Hinterzimmern von Kneipen und Spielsälen statt oder in Jahrmarktszelten und Schaubuden.[14] Erst 1910 begann man sich über passende und unpassende Musik Gedanken zu machen, um das ehemals bürgerliche Publikum wieder zu erreichen.[15] Es erschien das erste sogenannte „cue sheet" der Firma Edison. Damit erhielt der Musiker eine Einteilung in Szenen mit konkreten Vorschlägen zur musikalischen Untermalung.[16]

---

13 Vgl. Furniss, Maureen: Klang im Animationsfilm. http://beta.see-this-sound.at/kompendium/text/73. (12.03.2010)

14 Vgl. Pauli 1976: S. 92.

15 Vgl. Kreuzer, Anselm C.: Filmmusik – Geschichte und Analyse. In: Möhrmann, Renate (Hrsg.): Studien zum Theater, Film und Fernsehen. 2., erweiterte und überarbeitete Auflage. Frankfurt am Main: Peter Lang GmbH Europäischer Verlag für Wissenschaften 2003. S. 28.

16 Vgl. la Motte-Haber, Helga de: Filmmusik. http://beta.see-this-sound.at/kompendium/text/71/2. (11.03.2010)

3.2 Entwicklung der organisierten Filmmusik

Das alleinige Verfahren der „cue sheets" sollte nicht lange anhalten. Stattdessen gab es einen Übergang von Repertoiremusiken zu speziell komponierten Universalmusiken. Dies ermöglichte ein baldiges Aufkommen von Filmmusik-Scores (Filmmusikpartituren). Ab 1913 wurden damals auch Musiken speziell für einzelne Filme ausgearbeitet. Meist handelte es sich dabei um Kompilate, Zusammenstellungen bearbeiteter Repertoiremusiken, die durch auskomponierte Übergänge miteinander verflochten wurden.[17]

Durch die sorgfältigere Koordination von Film und Musik, konnte eine Verbesserung der Vorführbedingungen stattfinden. 1909, ein Jahr nach der Gründung der „Motion Picture Patents Company", publizierte Edison den Band „Suggestions for Music".[18] 1913 brachte John Stepan Zamecnik bei Fox, der ersten unabhängigen Gesellschaft, die sich dem Druck des Edison-Trusts gegenüber hatte behaupten können, die „Sam Fox Picture Music Volumes" heraus. Seine Pionierarbeit enthielt Musikbeispiele mit typischen Erzählmomenten, die für jeden Film neu zusammengestellt werden konnten.[19] In beiden Sammlungen wurden zunächst in einer Titelliste die gebräuchlichsten Filmsituationen beschrieben und darauf für deren musikalische Untermalung Vorschläge unterbreitet. So konnte der Spieler je nach Szene im Film ein passendes Stück vorbereiten und mithilfe improvisierter Überleitungen zu Suiten ausbauen. Als Gedächtnisstütze während der Vorführung, diente dem Spieler ein „cue sheet", auf dem er neben inhaltlichen Stichworten die zugehörigen Stücke notierte. Diese Praxis stellt einen ersten Versuch dar, Töne bewusster auf Bilder zu beziehen, d.h. sich mit der Funktionalität von Filmmusik auseinanderzusetzen.[20]

1913 richtete Paramount als erstes Filmstudio ein eigenes „Music Department" ein. Es wurde nur mit der Akquisition passender Musiken für Neuproduktionen betraut. Der Boom der „scores" konnte seinen Lauf nehmen.

---

17 Vgl. Kreuzer 2001: S. 37.

18 Vgl. Pauli 1976: S. 94.

19 Vgl. la Motte-Haber, Helga de: Filmmusik. http://beta.see-this-sound.at/kompendium/text/71/2. (11.03.2010)

20 Vgl. Pauli 1976: S. 94 f.

3.3 Der Beginn der Tonfilmära

Mitte der 20er Jahre stand die US-Filmindustrie im Zeichen des allgemeinen Wohlstandes, in denen technische Innovationen schnell voranschritten. 1924 erschien der erste Rundfunkempfänger auf dem amerikanischen Markt, weshalb viele Bürger sich zu Hause unterhalten ließen. Um das Bürgertum zu binden, versuchte man die musikalische Begleitpraxis umzustellen. Es wurden komplette musikalische Rahmenprogramme für den Film geschaffen: solistische Vorträge, Konzerteinlagen und Ballettnummern. Langfristig wollte man jedoch mit der Konkurrenz zusammenarbeiten, weshalb die Komponisten Musik als Werbeträger für Filme schreiben sollten, indem sie eingängige Melodien komponierten, die sich als Radiohits eigneten. In den letzten Stummfilmjahren kamen deshalb Titelsongs in Mode. Diese Kooperation aus Filmindustrie, Rundfunk und Tonträgerindustrie funktioniert noch bis heute ähnlich. Der Song wirbt für den Film und der Film für den Song.[21]

Auch die technische Grundlage der Tonaufzeichnung veränderte sich zu Beginn der 20er Jahre. Die Gruppe „Triergon" entwickelte 1922 das Lichttonverfahren. Dabei wurden Schallplatten mit dem Projektor verbunden. So war es möglich Ton und Bild erstmals auf demselben Trägermaterial zu speichern. Allerdings hatte die neue Lichttontechnik anfangs kaum Einfluss auf die Musik. Die ersten Tonfilme wurden oft stumm gedreht und nachträglich mit Ton unterlegt.[22] Sam Warner unterzeichnete schließlich 1925 einen Entwicklungs- und Auswertungsvertrag mit Western Electrics. Das Nadeltonverfahren wurde von ihnen in „Vitaphone" umgetauft. Auch wenn es ein damals riskantes Unterfangen war einen Tonfilm zu produzieren, so versuchten sich die Warner Brüder 1926 mit *Don Juan* daran.[23]

Es zeichnete sich ab, dass der Stummfilm ausgedient hatte. Der Aufstieg des Tonfilms wurde von diversen Höhepunkten begleitet. 1933 schrieb Max Steiner eine eigens für den Film *King-Kong* komponierte Partitur. Die musikalische Praxis im Tonfilm sollte sich von der „cue sheet"-Praxis der Stummfilmära in drei Punkten unterscheiden: „Zu jedem neuen Film entsteht jetzt 1. eigens eine neue Musik, die 2. meist von einem einzigen Komponisten bereitgestellt und 3. im Studio aufge-

---

21 Vgl. Kreuzer 2001: S. 45 ff.

22 la Motte-Haber, Helga de: Filmmusik. http://beta.see-this-sound.at/kompen dium/text/71/3. (12.03.2010)

23 Vgl. http://www.e-filmmusik.de/geschichte_filmmusik/geschichte_filmmusik.html (13.03.2010)

nommen und dem Filmstreifen einbeschrieben wird, also in ihrer Substanz während der Vorführung nicht mehr verändert werden kann."[24]

Walt Disney war eines der ersten Studios in den USA, die auf Ton umstellten. 1928 brachten sie den ersten Disney-Film mit einem synchronisierten Lichttonverfahren heraus - *Steamboat Willie*. Durch diesen Film wurde *Mickey Maus* weltweit bekannt. In den ersten Mickey Mouse-Filmen, besonders in den Kurzfilmen, den *Silly Symphonies* (USA 1929–1939), setzte das Studio auf enge Korrelation zwischen Ton und Bild. Schon kurze Zeit nach den ersten Veröffentlichungen verwendete man den Ausdruck *Mickeymousing* zur Beschreibung von Arbeiten, in denen die Bewegung in genauer Abstimmung mit dem Ton choreografiert sind. Grundsätzlich gibt es hierbei drei Varianten der Bewegungsabbildung. Die erste ist eine vertikale Auf- oder Abwärtsbewegung, die der musikalischen Raumvorstellung von hoch und tief entspricht. Beispiele sind ein Sprung ins kalte Wasser oder das typische Abwärtsglissando der Harfen. Horizontale Bewegungen wie fahrende Eisenbahnen, Fluchten zu Pferde oder kurze rhythmische Bewegungsabläufe bilden die zweite Abbildung. Punktuelle Akzente, wie der klassische Zusammenstoß von Objekten runden die Technik ab.[25]

Zudem erkannte Disney schnell die Bedeutsamkeit des Tonmaterials als separate Einnahmequelle. Die erste Filmmusik, die als Single zum Bestseller wurde, war *Who's Afraid of the Big Bad Wolf?* (Komponist Frank Churchill) aus dem Silly-Symphonies-Film *Three Little Pigs* von 1933. Disney verwendete immer mehr Songs in zentralen Szenen seiner Filme. Schließlich verlagerte sich die Spielfilm-Produktion Disneys in das Genre des Musicals. Den Anfang bildete hier der Film *Schneewittchen und die sieben Zwerge* von 1937.[26]

Auch andere auf animierte Filme spezialisierte Studios wie Warner Brosers konzentrierten sich auf die Vermarktung ihrer Filmmusik. Das Studio produzierte z.B. die Serie *Looney Tunes* (USA, ab 1930).[27]

---

24 Pauli 1976: S. 102.

25 Vgl. Keller, Matthias: Stars und Sounds. Filmmusik - Die dritte Kinodimension. 2. Auflage. Kassel: Bärenreiter-Verlag, Gustav Bosse Verlag 2000. S. 57.

26 Vgl. Furniss, Maureen: Klang im Animationsfilm. http://beta.see-this-sound.at/kompendium/text/73/2. (12.03.2010)

27 Vgl. Ebd.

3.4 *Mickeymousing* und andere Kompositionstechniken

Da die Musik in den Film von nun an integriert werden musste und man sich von der kompilierten zur komponierten Begleitmusik hin bewegte, mussten die großen Produktionsgesellschaften eigene qualifizierte Orchester unterhalten.[28] Fast alle Filmkomponisten durchliefen von nun an eine gediegene akademische Ausbildung und machten sich einen Namen außerhalb der Filmbranche. Einige bekannte Filmkomponisten der Zeit sind Benjamin Britten und William Walton.[29]

Trotz der technischen Entwicklungen wurde musikalisch, was die Ästhetik anbelangt, kein Bruch mit der vorangegangenen Stummfilmphase begangen. Es wurde weiterhin „[...] am Underscoring festgehalten, Geräusche von Wind oder Regen wurden [...] mit Instrumenten imitiert [...]."[30] Die Musik hingegen unterzog sich einem technischen Wandel, sodass die Filmmusik sich aufgrund der nun im Studio produzierten Musik detaillierter auf die visuellen Vorgänge beziehen konnte. So begann die Musik „[...] JEDEN Bewegungsablauf, jeden Stimmungsumschwung, jeden Akzent aufzugreifen und zu übertragen [...]".[31] Das *Mickeymousing* fand damit, entgegen sonstiger Verfahren, seinen Einzug auch im Realfilm.

In der Übergangszeit vom Stummfilm zum Tonfilm hat sich, sowohl im Real- als auch im Animationsfilm, vor allem das funktionelle Potential der Filmmusik verändert. Die Musik wurde von nun an gezielt im Film eingesetzt. Kommerziell begab sich das Kino auf den Zenit seiner bisherigen Entwicklung. 1938 sind circa 80 Millionen Amerikaner (65 Prozent der amerikanischen Bevölkerung) jede Woche ins Kino gegangen. Der Kriegsausbruch verhalf der amerikanischen Industrie zu neuem Aufstieg und so produzierten die Studios in den 1930er und 1940er Jahren über 500 Spielfilme pro Jahr. Die Filmindustrie begriff dabei, wie wichtig es war maßgeschneiderte Musik für den Film zu haben und in deren Konzeption zu investieren. Deshalb richteten die großen Filmstudios seit Beginn der 1930er Jahre zu diesem Zweck eigene Music Departments ein, die mit der Bereitstellung passender Musiken beauftragt

28 Vgl. Pauli 1976: S. 103.

29 Vgl. la Motte-Haber, Helga de: Filmmusik. http://beta.see-this-sound.at/kompendium/text/71/4. (12.03.2010)

30 la Motte-Haber, Helga de: Filmmusik. http://beta.see-this-sound.at/kompendium/text/71/4. (12.03.2010)

31 Pauli 1976: S. 103.

wurden.[32] Die Departments beschäftigten einen kompletten Mitarbeiterstab an Komponisten, Arrangeuren und Dirigenten.

Die neu gewonnenen Möglichkeiten des Tonfilms wurden indes lange Zeit nicht voll ausgenutzt. So dauerte es bis die Komponisten verstanden, dass auch leise und kaum wahrnehmbare Musik, durchaus vom Zuschauer angenommen wurde. Bis dahin ging die Musik nur äußerst selten auf die Situation ein.[33] Dagegen wurde die Synchronisation von Film und Musik immer weiter präzisiert. Es kristallisierten sich sehr viele filmmusikalische Gewohnheiten und Klischees heraus. Besonders beliebt waren Blechbläser-Fanfaren, Liebes-Themen, süßliche Streichermotive zur Glamourisierung der Hauptdarstellerinnen, Streichertremoli als Spannungsmittel und dominierende Melodiestimmen in den hohen Streichern. Besonders typisch für das Bild-Musik-Verhältnis waren auch Musiken mit prägnanten Ereignissen, wie der Einsatz der Musik mit einem Türschlagen.[34]

Die Komponisten der „Goldenen Ära" adaptierten und modifizierten Techniken der Opernkomposition. Man versuchte besonders Wagner, Strauss, Puccini, Verdi und Mahler nachzueifern und so Lösungen für spezifische kompositorische Probleme szenischer Musik zu finden. Auf diese Weise kam der Entwicklung der dramaturgischen Konstruktion der Filmmusik eine tragende Rolle zu. Es spielten sich zwei „[...]einander diametral gegen-überstehende Verfahren ein. Man kann sie an die Namen ihrer Exponenten binden: Max Steiner bzw. Alfred Newman."[35]

Das Markenzeichen des Filmkomponisten Max Steiners war es den Protagonisten eines Films bestimmte, sie charakterisierende thematische Gestalten zuzuweisen. Vor dem Hintergrund der Forderung von Regisseuren an ihre Komponisten, Dialoge zu emotionalisieren und Stimmungen auszudrücken, die jenseits des sprachlichen Ausdrucks liegen, versuchte sich Alfred Newman an der von ihm benannten *mood technique*.[36]

Steiner entnahm die Idee der *Leitmotivtechnik* aus der autonomen Musik in die Filmmusik. Die Technik Richard Wagners, Personen oder

---

32 Vgl. Kreuzer 2001: S. 67.

33 Vgl. http://www.e-filmmusik.de/geschichte_filmmusik/geschichte_filmmusik.html (13.03.2010)

34 Vgl. Kreuzer 2001: S. 69.

35 Pauli 1976: S. 103.

36 Vgl. Kreuzer 2001: S. 75.

Ideen einem Thema zuzuordnen und dieses Thema durch eine traditionelle motivisch-thematische Anwendung die Handlung vollziehen zu lassen, erfüllte in der Filmmusik wichtige dramaturgische Funktionen der Vorankündigung.[37] Wie Adorno und Eisler, haben viele Musiktheoretiker Steiners Adaption des Wagnerischen Prinzips der Leitmotivik in den Film kritisiert. Sie sahen die Technik in der Gefahr zu einem bloßen musikalischen Label im Film zu verkommen. Steiner jedoch stattete die Protagonisten über die Eigenarten des Leitmotivs mit einer Geschichte und einer Perspektive aus. Darüber hinaus erläutert er über Variierungen und Vertauschungen der thematischen Gestalten auch ihr Verhalten.[38]

Die *Leitmotivtechnik* Steiners wäre ohne den Tonfilm nicht möglich gewesen. Newman hingegen hat die *mood technique* in Anlehnung an den Stummfilm entwickelt. Sie sollte die visuellen Vorgänge unterstreichen oder kommentieren. Rückblickend war die Technik wegbereitend für die Entwicklung der 1950er und 1960er Jahre.[39] Die Filmmusik entfernte sich von den Formeln der Opernmusik und fand zu einer spezifisch filmischen Klangsprache.[40]

3.5 1950er und 1960er

Mit den 1940ern und Beginn der 1950er verschlechterten sich die filmindustriellen Rahmenbedingungen durch die Schwächung des Exportmarktes durch den 2. Weltkrieg, das Aufkommen politischer Filmzensur und das Ende des goldenen Hollywood-Imperiums. Schon Ende der 1940er änderten sich mit dem Kalten Krieg die moralischen und wirtschaftlichen Bedingungen. Die Eintrittsgelder in den Kinos sanken und die Produktionskosten schnellten in die Höhe. Zeitgleich begann das in den 1890er Jahren entwickelte Fernsehen Ende der 1940er Jahre sich in der Bevölkerung zu verbreiten, weshalb die Filmstudios allmählich zur Kooperation mit Fernsehnetworks übergingen. Walt Disney produzierte 1954 zusammen mit ABC (American Broadcast Company) die Fernsehserie Disneyland.[41]

---

37 la Motte-Haber, Helga de: Filmmusik. http://beta.see-this-sound.at/kompendium/text/71/4. (12.03.2010)

38 Vgl. Pauli 1976: S. 103/104.

39 Vgl. Ebd. S. 104.

40 Vgl. Kreuzer 2001: S. 77.

41 Vgl. Ebd. S. 83 ff.

Die Entwicklung der Produktion animierter Filme nach dem Zweiten Weltkrieg veränderte sich ebenfalls. Durch den wachsenden Einfluss des Fernsehens wurden einerseits Kinderprogramme wichtig, andererseits aber auch mehr Filme speziell für Erwachsene produziert. Ende der 1950er Jahre stieg der Anteil animierter Fernsehprogramme am Gesamtprogramm deutlich an. In den 1960er Jahren wurde das Jugend-Publikum mit Musikfilmen ins Kino gelockt. Schließlich entwickelte sich die ästhetische Ausrichtung der Filmproduktion Hollywoods vom Musical-Film, das seine Blütezeit nach den frühen 1930er, Ende 1940er bis Mitte 1950er hatte, hin zum Gebrauch von Pop-Songs und anderen zeitgenössischen Musikstilen.[42] Während in den 1950er Jahren bereits vereinzelt Jazz zu hören war wie in *A Streetcar Named Desire* (USA 1951), hörte man ab den 1960ern verstärkt Rockmusik im Film.[43] Mit den 1960er Jahren wurde die sinfonische Orchestrierung zu einer musikalischen Gestaltungsmöglichkeit unter vielen. Im Spannungsfeld zwischen Pop- und Rock-Songs, Jazz-Scores und romantisch-orchestralen Filmmusiken entstanden zudem verschiedenartige Mischformen.[44]

3.6 Eine neue Ära

Mit den 70er und 80er Jahren konnte man eine zunehmende Einbindung von elektronischen Klangerzeugern in den Filmmusik-Scores bemerken. Dies vollzog sich bis zu einer ausschließlichen Verwendung derselben.[45]

In der Produktion der Animationsfilme kam besonders der Musikbebilderung eine große Rolle zu. Anfang der 1980er entstand der Kabelfernsehsender MTV. Im Zuge dessen wurde Animation, die explizit auf Musik basierte, zur Selbstverständlichkeit. Eines der berühmtesten Beispiele für Animationen in Musikvideos ist Michael Jacksons *Black or White* (1991). Die Bedeutung der Animation nahm deshalb zu, weil sie interessante visuelle Effekte zur Illustration des Textinhalts ermöglichte. Innerhalb dieser Zeit entwickelte sich auch die Tontechnik weiter: Dolby-Tonsysteme und THX-Normen stellten eine wesentliche Verbesserung der Erlebnisqualität des Films dar. Diese war vor allem für Block-

42 Vgl. Ebd. S. 99.

43 la Motte-Haber, Helga de: Filmmusik. http://beta.see-this-sound.at/kompendium/text/71/4. (12.03.2010)

44 Vgl. Kreuzer 2001: S. 105.

45 Vgl. Ebd. S. 110.

buster entscheidend, die mit Animation arbeiteten, um immer differenziertere Spezialeffekte entwickeln zu können. [46]

In den 1990er Jahren wuchs die Animationsindustrie noch einmal erheblich. Die jüngste Vergangenheit bringt Beispiele wie die Oscar - prämierten Filmen *Oben* (USA 2009) und *Küss den Frosch* (USA 2009) hervor. Absolute Höhepunkte früher entstandener Filme bieten die Arbeiten des Komponisten Alan Menken und der Texter Howard Ashman und Tim Rice. Besonders *Die Schöne und das Biest* (USA 1991) und *Der König der Löwen* (USA 1994) stechen hervor. Disney erschloss mit seiner Musik sogar das Theater, in dem es einige seiner Filme für das Genre adaptierte. Ein besonders prägnantes Beispiel hierfür birgt das Musical *Der König der Löwen*. Es wurde zu einem Langzeit-Erfolg am Broadway und wird noch heute in Deutschland sehr erfolgreich im eigens für dieses Musical gebauten Theater in Hamburg aufgeführt.[47]

Obgleich der Entwicklung der Filmmusik und der sich weiter entwickelnden Technik, ist die Filmmusikproduktion innerhalb der Spielfilmproduktion sehr aufwendig. Obwohl das Sound Design[48] zunehmend an Bedeutung gewinnt, spielen traditionelle Verfahren der Filmmusik nach wie vor eine wichtige Rolle. So gibt es noch heute üppige orchestrale Sounds früherer Jahre in aktuellen Filmen. Hans Zimmer, einer der derzeit produktivsten Filmmusikkomponisten, pflegt diesen Sound, indem er ihn durch elektronische Klänge intensiviert, auch weiterhin. Ein Beispiel hierfür bietet die von Walt Disney produzierte Trilogie *Fluch der Karibik* (USA 2003/2006/2007).[49]

3.7 Die Geschichte der Musikwelt Walt Disneys

Wenn man sich mit der Geschichte der Musik der Walt Disney-Filme beschäftigt, stößt man zunächst auf eine sehr interessante Tatsache: Walt Disney selbst hat nie Musik geschrieben oder Noten gelesen. Er spielte noch nicht einmal ein Instrument oder hatte etwas wie eine musikalische Ausbildung erworben. Trotzdem oder vielleicht auch ge-

46 Vgl. Furniss, Maureen: Klang im Animationsfilm. http://beta.see-this-sound.at/kompendium/text/73/4. (12.03.2010)

47 Vgl. Ebd.

48 Die Aufgabe des Sound Designers ist es für jeden Film einen individuellen klanglichen Stil zu entwickeln, der die Narration optimal unterstützt sowie die emotionale Wirkung vertieft und erweitert. (http://beta.see-this-sound.at/kompendium/abstract/80, 14.03.2010)

49 la Motte-Haber, Helga de: Filmmusik. http://beta.see-this-sound.at/kompen dium/text/71/5. (12.03.2010)

rade deshalb war und ist sein Einfluss auf die Musik der Disney-Filme wegweisend. Er hatte ein sicheres Gespür dafür was musikalisch gut für seine Projekte war. Jerome Kern, einer der besten und größten amerikanischen Komponisten, sagte bereits 1936 über Walt Disney: „Disney has made use of music as language. In the synchronization of humorous episodes with humorous music, he has unquestionably given us outstanding contribution of our time."[50] Die Frage nach dem "woher" Walt Disney seine Inspiration entnahm, kann wohl nie ganz beantwortet werden. Vermuten lässt sich aber wohl, dass er Entertainment so ins Leben rief, wie er es sich zu sehen wünschen würde. Sein Standpunkt war: „I do not make films primarily for children. I make them for the child in all of us, whether we be six or sixty." (Walt Disney)[51] Zudem hatte Disney den enormen Vorteil von den besttalentiertesten Liedtextern, Künstlern, Komponisten und Musikern seiner Zeit umgeben gewesen zu sein. Dieses Talent große Künstler für sich zu gewinnen, hält die Disney Company noch heute aufrecht.[52] Man braucht nur an Elton John und seiner Musik zu *Der König der Löwen* denken.

Buddy Baker, ein langjähriger Disney Komponist, versuchte die Kunst Walt Disneys zu beschreiben. Er meinte, dass Walt Disney genau wusste wie die Musik am Ende sein sollte. Wenn er eine große symphonische Filmmusik wollte, sagte er das dem Komponisten und er fügte hinzu wie genau es klingen sollte.[53] Wahrscheinlich sind die Disney Songs genau deshalb so einzigartig: „Disney Songs represent a style and sprightliness that makes them eminently hummable and totally unforgettable. They were very much a reflection of their patron [...]."[54] Obwohl Walt Disney bereits 1966 verstarb, besteht der unvergleichliche Charme der Disney Musik weiter fort. Disneys jahrelanger Einfluss und seine Anleitung, die seine Komponisten und Technologen dazu veranlassten ganze Filmindustrien mit neuen Ideen und Techniken zu beeinflussen, sind in der Disney Company bestehen geblieben. Walt Disney war in diesem Sinne ein Erneuerer und technischer Pionier. Die Methoden, die sein Studio zur Synchronisation von Musik und Handlung ent-

50 Walt Disney Music Company/Wonderland Music Company, Inc. (Hrsg.): The New Illustrated Treasury of Disney Songs. 6th revised Edition. Hong Kong: Hal Leonard Corporation 2007. S. 6.

51 Tietyen, David: The Musical World of Walt Disney. Milwaukee, Wisconsin: Hal Leonard Publishing Corporation 1990. S. 8.

52 Vgl. Walt Disney Music Company/Wonderland Music Company, Inc. 2007: S. 6 f.

53 Vgl. Ebd. S. 7.

54 Ebd.

wickelten, werden noch heute genutzt. Sogar Chuck Jones, der Cartoon Regisseur von Warner Brothers, gab zu: „Practically every tool we use today was originated at the Disney studio not necessarily by Walt, but his men couldn't have originated them unless he encouraged them to exist."[55]

3.7.1 Anfänge der Disney Musik

Begonnen hat die Ära der Disney Company 1928/1929 mit den Produktionen der ersten Micky Mouse Cartoons. Die Verwendung von Musik war damals eine Innovation. Der erste Cartoon war *Steamboat Willie* (1928) mit den Songs *Steamboat Bill* und *Turkey in the Straw*. Die Musik hierzu war weder adaptiert noch geliehen.[56] In diesen Cartoons wurden bereits die Charakteristika für Disney Musik begründet. Es war eine Symbiose aus sichtbaren Bewegungen und hörbarer musikalischer Analogie. Die Bewegung wurde auf der Leinwand zum hörbaren Geräusch und die Musik zur sichtbaren Bewegung. *Turkey in the Straw* (1934) war noch nicht einmal für normale Instrumente wie Gitarre, Klavier oder Flöte geschrieben worden. So spielt Micky im Cartoon auf den Zähnen einer Kuh oder auf einer Katze. Dazu wurde die Musik von Wilfred Jackson auf seiner Harmonica gespielt.[57]

Die punktgenaue Kommentierung der Handlung, die in diesen Cartoons ihren Einzug fand, hatte ihre Ursprünge in den Tonfilmen Max Steiners. Sie ermöglichte eine nahezu lückenlose Kongruenz von Bildhandlung und musikalischen Bewegungszügen und wurde als *Mickeymousing* bezeichnet.[58] Max Steiner selbst sagte 1938 über seinen Stil:

> Stellen wir uns beispielsweise vor, daß die ersten zwei Minuten des Drehbuchs die Ankunft eines Eisenbahnzuges in einer kleinen Stadt enthalten; ich würde konsequenterweise Musik mit einem Rhythmus wählen, die dem rhythmischen Geräusch der Lokomotive entspräche, die den Eindruck des Zugpfeifens und des Kreischens der Bremsen hervorriefe. Dann würde ich möglicherweise eine heitere Musik folgen lassen. Welche das Plaudern der Leute

---

55 Tietyen, David 1990: S. 10.

56 Vgl. Walt Disney Music Company/Wonderland Music Company, Inc. 2007: S. 8.

57 Vgl. Walt Disney Music Company/Wonderland Music Company, Inc. 2007: S. 9.

58 Vgl. Schmidt, Hans-Christian: Filmmusik. In: Musik aktuell – Analysen, Beispiele, Kommentare. Kassel: Bärenreiter-Verlag 1982. S. 48 f.

> überdeckt, die da gerade ein- oder aussteigen [...]. Am Ende dieser zwei Minuten geht der Film direkt in eine Szene von drei Minuten Länge über und führt uns an das Sterbebett eines Hausvaters, in eine kleine Dachkammer eines einsamen Bauernhofes auf dem Lande. Ich müßte also einen Weg finden, schnell und ohne Umschweife zu modulieren, um von der heiteren Musik des Bahnhofs zur Stille und zur tragischen Stimmung im Zimmer eines Sterbenden zu gelangen.[59]

Max Steiner verdeutlicht das vordergründige Ziel der Musik eine perfekte Synchronisation von Musik und Handlung heraufzubeschwören. Diese Methode war umso innovativer, da die Figuren sich zu der Zeit noch keiner Sprache bedienten und die Musik mit den Bewegungen der Figuren synchronisiert sein sollte, um den Part des Textes zu übernehmen. Sein Stil war nicht nur prägend für die Animationsfilmproduktion, sondern auch für die Realfilmproduktion.

In den folgenden Jahren wurde Disney besonders mit den *Silly Symphonies* bekannt. Die Produktion von *Steamboat Willie* war die erste, bei der der Ton von Anfang an in die Planungs- und Produktionsprozesse integriert und der Sound mit der Handlung synchronisiert worden war. Das *Mickeymousing* stellt dabei einen Aspekt von audiovisuellem Witz dar, wenn eine aufsteigende Tonfolge wieder einmal das Heraufgehen einer Treppe begleitet. Für die Produktion des *Steamboat Willie* Cartoons entwickelte Wilfred Jackson die Methode der Synchronisation von Musik und Handlung mit dem Metronom. So konnte der Takt der Musik mit der Schlagzahl des Films optimal koordiniert werden. Eine weitere Innovation durch Jackson war das *bar sheet*. Diese Art Notenpapier zeigte Einheiten an, die jeweils jeden Schlag pro Takt und das Tempo angaben. Innerhalb jeder Einheit wurde zudem die Handlung und die Szenennummer eingetragen. Auf diese Weise konnten die Szenen mit der Musik besser synchronisiert werden.[60]

Die Zeit der *Silly Symphonie Cartoons* repräsentiert die wichtigste Ära der Disney-Filme und Musikentwicklungen. Bei der Produktion experimentierten alle Beteiligten an neuen Möglichkeiten Musik und Animation zu verwenden und zu synchronisieren. So wurden neben bisher genannten Techniken auch der Farbfilm und die Multiplan-Kamera (Mehrfachebenen-Kamera) entwickelt.[61]

---

59 Ebd. S. 49.

60 Vgl. Tietyen, David 1990: S. 14.

61 Vgl. Ebd. S. 23.

Der erste Film der *Silly Symphony* Serie war *The Skeleton Dance* (Mai 1929). Die Musik wurde von dem Komponisten Carl Stalling geschrieben. Der Soundtrack hierzu enthielt noch keinerlei Dialog.[62] 1933 begann Frank Churchill die Musikmelodien für die *Silly Symphonies* zu komponieren. Seinen Einstand hatte er zusammen mit dem Initiator der *Silly Symphonies* Stalling mit dem berühmtesten Song der Reihe: *Who's Afraid of the Big Bad Wolf?* des Cartoons *Three Little Pigs*. Der Song, der der erste Hit Disneys sein sollte, war hoffnungsvoll und zugleich humorvoll in der eher düsteren Zeit des aufkommenden Weltkriegs. Es war der erste Disney-Song mit Gesang. In diesem Cartoon singen die drei kleinen Schweinchen den Text.[63] Der Cartoon war der international erfolgreichste *Silly-Symphonies*-Cartoon und wurde 1934 mit dem Oscar für den „besten animierten Kurzfilm" ausgezeichnet.[64]

3.7.2 Zeit der Entwicklung

Die nächste Herausforderung für die Disney Company war es einen Animationsfilm in Spielfilmlänge zu produzieren. *Schneewittchen und die Sieben Zwerge* (1937) wurde von Beginn an um die Musik geplant. Walt Disney wollte allerdings keine Hollywood typische Musik haben. Er stellte sich Musik anders vor: „We should set a new pattern, a new way to use music [...]".[65] Diese Idee bildete von nun an das leitende Prinzip der Musik der Disney-Filme. Bei der Entwicklung der Filmmusik für *Schneewittchen und die Sieben Zwerge* schrieb Disney selbst zwar keinen einzigen Song, gab aber genau vor wie das Ergebnis aussehen sollte. Die Handlung der Figuren sollte den Gesang und die Musik reflektieren. In diese Vision steckte Walt Disney seine ganze Energie und Leidenschaft. Dieselbe Verfahrensweise wurde in Filmen wie *Dumbo* (1941) mit *Baby Mine* und *Bambi* (1944) mit *Little April Shower* angewendet. Ein Ende der Goldenen Ära wurde dabei durch den 2. Weltkrieg herbeigeführt und so die Entwicklung der Animationsfilme unterbrochen.[66]

---

62 Vgl. Manvell, Roger and John Huntley: The Technique of Film Music. 6. revised and enlarged edition. London, New York: Focal Press Ltd., Focal Press Inc. 1980. S. 40.

63 Vgl. Walt Disney Music Company/Wonderland Music Company, Inc. 2007: S. 11.

64 Vgl. Academy of Motion Picture Arts and Sciences: http://awardsdatabase.oscars.org/ampas_awards/BasicSearchInput.jsp. Film Title: *The Three Little Pigs*. (30.04.2010)

65 Walt Disney Music Company/Wonderland Music Company, Inc. 2007: S. 12.

66 Vgl. Ebd. S. 13.

Erst 1950 mit *Cinderella* fand Disney zurück zu seiner Tradition der Animationsfilmproduktion. Von nun an engagierte Walt Disney allerdings Musiker und Songschreiber aus der Tin Pan Alley New Yorks[67]. Die Renaissance Disneys vollzog sich in den 1950er und 1960ern mit Animationen wie *Alice im Wunderland* (1951), *Peter Pan* (1953) und *101 Dalmatiner* (1961). Alle Songs wurden von Tin Pan Alley Textern wie Sammy Cahn, Sammy Fain, und Jack Lawrence verfasst. Zusätzlich musste in den 1950ern die wöchentlich erscheinende TV-Serie *Disneyland* und der täglich ausgestrahlte TV Show *The Micky Mouse Club* produziert werden.[68]

Die 1960er Jahre wurden nicht mehr von den Tin Pan Alley Songschreibern, sondern von den Sherman Brüdern geprägt. 1961 wurden Richard M. und Robert B. Sherman von Walt Disney als Songschreiber engagiert. Seither haben sie über 200 Songs geschrieben, wovon einige zu zeitlosen Klassikern wurden. Filme wie *Mary Poppins* (1964) als nicht animierter Film, *Das Dschungelbuch* (1967) und *Aristocats* (1970) wurden durch sie geprägt. In den 1960ern waren die Produktionen Disneys gemischt. Es wurden Animationen, live-action musicals, live-action nonmusicals und musicals, die live-action und Animation kombinierten, produziert.[69]

In den 1970ern und 1980ern hingegen wurden vor allem Animationen und live-action Filme produziert. Bis auf *Robin Hood* (1973) und *Pete's Dragon* (1977) wurden in der Zeit allerdings keinerlei Musicals produziert. Es wurden zwar einige Songs in die Filme integriert, jedoch nicht mit der Intensität und der Wichtigkeit für die Story wie in den musikalisch geprägten Filmen. Zumeist kamen sie nur zu Beginn und am Ende der Filme vor.[70]

3.7.3 Die Renaissance des Musicals

1988 wurde *Oliver & Company,* Disneys erster animierter Musicalfilm in voller Länge, veröffentlicht. Der Film enthielt fünf Songs, geschrieben von den Who's Who Songschreibern, unter anderen Barry Manilow und Dan Hartman. Alle fünf Songs waren wieder der Tradition Disney verschrieben, bei der die Musik in den Film so integriert wurde,

67 In der Tin Pan Alley (die 28th Street in Manhattan) lebten sehr viele der größten Songveröffentlicher der USA.

68 Vgl. Walt Disney Music Company/Wonderland Music Company, Inc. 2007: S. 14 f.

69 Vgl. Ebd. S. 16.

70 Vgl. Ebd. S. 17.

dass sie den Film nicht überlagert oder unterbricht, und gleichzeitig einen sehr ausgeprägten Teil des Films einnimmt. „Music should come out of the dialogue, […].“[71]

Alan Menken und Howard Ashman definierten und belebten die animierten Musicals neu. Sie brachten Stil, Witz, Esprit und Raffinesse, die seit den frühen 1940er Jahren verloren gegangen schienen, zurück. Ashman und Menken wurden vom Broadway Musical bei der Neuproduzierung der Filme *Arielle, die Meerjungfrau* (1989), *Die Schöne und das Biest* (1991) und *Aladdin* (1992) inspiriert. Ihr Traum war es „[to create] songs that would really move the story forward and keep things driving ahead.“[72] (Howard Sherman) Mit dieser Strategie gewannen sie für den Song *Under the Sea* aus *Arielle* den Oscar.[73]

Im Laufe der 1990er Jahre bestätigte Disney seine Position als weltbester Produzent der schönsten und erfolgreichsten animierten Filme. Dies zeigte sich wiederholt in *Der König der Löwen* (1994), für den Tim Rice die Liedtexte und Elton John die Musik schrieb. So konnte Disney mit *Can You Feel the Love Tonight* einen weiteren Oscar in seine Sammlung aufnehmen.[74]

Die folgende Innovation gab es mit *Pocahontas* (1995). Es war der erste Animationsfilm, der durch tatsächliche Geschichte inspiriert worden ist. Alan Menken schrieb auch für diesen Film die Musik, die Liedtexte jedoch kamen von Stephen Schwartz. *Colors in the Wind* brachte erneut einen Oscar und für die Sängerin Vanessa Williams beste Plätze in den aktuellen Charts. Weitere sehr erfolgreiche Disneyfilme waren *Toy Story* (1995) als erster vollständig computeranimierter abendfüllender Kinofilm, *The Hunchback of Notre Dame* (1996), *Hercules* (1997), *Mulan* (1998), *Tarzan* (1999) und *Toy Story 2* (1999) mit den Erfolgssongs *You'll Be in My Heart* und *When She Loved Me*.[75]

Eine der spannendsten Entwicklungen der Zeit war die Ausweitung der Company auf Broadway Musicals. Am 18.04.1994 erfolgte die Uraufführung von *Die Schöne und das Biest* am Broadway mit sensationellem Erfolg, der nur noch von der Tournee getoppt wurde. Auch für *Der König der Löwen* wurde eine Bühnenadaption produziert, die ihre Urauf-

71 Ebd. S. 18.

72 Ebd. S. 18.

73 Vgl. Walt Disney Music Company/Wonderland Music Company, Inc. 2007: S. 18.

74 Vgl. Ebd. S. 19.

75 Vgl. Ebd. S. 20 ff.

führung am 13.11.1997 am Broadway hatte.[76] Dieses Musical gewann 1998 den Tony Award für das „Beste Musical" und wird auch in Deutschland im eigens hierfür erbauten Theater Hamburgs seit Jahren sehr erfolgreich aufgeführt.

3.7.4 Eine neue Generation

Das neue Jahrtausend brachte weitere Erfolge für die Company. Es folgten Animationsfilme wie *Monsters* (2001), der einen Grammy für den „Besten Song" für *If I Didn't Have You* von Randy Newman einfuhr, *Lilo und Stitch* (2002) und *The Incredibles* (2004). Bei den Realfilmen ist besonders die Trilogie zu *Pirates of the Caribbean* hervorzuheben mit *Pirates of the Caribbean: The Curse of the Black Pearl* (2003), *Dead Man's Chest* (2006), *At World's End* (2007). Auch die Musical-Ära begann mit Innovationen. Es entstand *High School Musical* (2006) nach dem Vorbild von *Romeo und Julia* von Shakespeares. Diese Produktion war ein großer TV Erfolg, der immerhin diverse Nominierungen für seine Musik erhielt. Zu den Nominierungen im Jahr 2006 zählen der American Music Award für das „Beste Popalbum", der Billboard Music Award für das „Album des Jahres", der Emmy für die „Beste Originalmusik und Originaltext" (Get'cha Head in the Game) und ein Emmy für die „Beste Originalmusik und Originaltext" (Breaking Free).[77]

Zuletzt machte die Walt Disney Company mit dem computeranimierten Kinofilm *Oben* (2009), der die erste Produktion Walt Disneys in 3D darstellt, und dem Kinoanimationsfilm *Küss den Frosch* (2009) auf sich aufmerksam. *Oben* konnte bei den Oscarverleihungen 2010 in den Kategorien „Bester Animationsfilm" und „Beste Filmmusik" den Oscar einfahren.[78] *Küss den Frosch* stellt hingegen ein phantastisches Comeback des abendfüllenden klassischen Musical-Zeichentrickfilms Walt Disneys dar, was sich in Musik und Story wiederspiegelt.

Die Geschichte der Filmmusik der Walt Disney Company zeigt überdeutlich, dass die Musik in allen Filmen der Company eine zentrale Rolle gespielt hat und vermutlich auch zukünftig haben wird. Besonders die abendfüllenden Animationsfilme sind mit viel Liebe zum Detail und in der Kooperation von Story und Musik sehr kritisch produziert worden. Ihr Begründer Walt Disney hat für die Einzigartigkeit und Originalität der Produktionen der Company die Grundlagen und Prinzipien

76 Vgl. Ebd. S. 21.

77 Vgl. Ebd. S. 22 f.

78 Academy of Motion Picture Arts and Sciences: http://awardsdatabase.oscars.org/ampas_awards/BasicSearchInput.jsp (30.04.2010). Film Title: *Up*.

gesetzt, die auch nach seinem Tode 1966 sehr erfolgreich weiterverfolgt worden sind, und die Filme Disneys nach wie vor in ihrer Konzeption einmalig erscheinen lassen. Trotz zwischenzeitlicher Umsatzeinbrüche und Filmen, die hohe Verluste einspielten, besteht das Studio immernoch. Die Ursache hierfür könnte in der Kombination aus innovativen Produktionen und der kontinuierlichen Erinnerung klassischer Disney-Produktionen liegen. Wenn auch die Verknüpfung von Musik und Film in dieser einzigartigen Weise geschehen ist, so gibt es doch grundsätzliche Techniken in der Filmmusik, die bei der Produktion der Filme der Disney Company eine große Rolle spielen.

4 Filmmusik im Animationsfilm

4.1 Allgemeine Grundlagen

Zunächst wird für die Analyse der Musik im Animationsfilm festgestellt, dass sich die visuelle Sphäre in der Struktur des Animationsfilms gegenüber dem Realfilm grundsätzlich unterscheidet. Das hat zur Folge, dass das Verhältnis zwischen auditiver und visueller Sphäre verschoben ist.

Im Gegensatz zum Realfilm, gibt es im Animationsfilm keine fotografische Rekonstruktion realer Gegenstände aus dem alltäglichen Leben. Stattdessen besteht die visuelle Schicht aus einer Reihe gezeichneter Schemata, die der Phantasie entnommen sind. Das bedeutet, dass die Darstellungen der menschlichen Phantasie entspringen und demnach auch mehr oder weniger frei konstruiert sind. Sie beziehen sich lediglich auf Vorbilder aus der realen Gegenstandswelt. Dabei können die Analogien auch völlig von der Realität abweichen, wenn z.B. eine Maus im Maul eines Elefanten tanzt. Die Handlung ist unrealistisch und irrational. Während die Gegenstände noch realen Vorbildern nachempfunden sind, sind es die Beziehungen zueinander nicht mehr. Daraus folgt, dass die dargestellte Welt und die Beziehungen der Gegenstände untereinander ebenfalls nicht realistisch ist. In dieser künstlichen Welt mit ihren irrealen gezeichneten Figuren, können die Bewegungen dieser Figuren viel präziser auf den musikalischen Rhythmus abgestimmt werden. Auch Mimiken und Gestiken können viel differenzierter dargestellt werden, sodass es kaum neutrale Bilder im Animationsfilm gibt. Dadurch lässt sich ein wesentlich höherer Grad an Adäquatheit erzielen als in fotografischen Filmen.[79]

Das Grundprinzip der Disney Zeichentrickfilme ist es den Akzent der Bewegung (z.B. ein Sprung, Fall, Schlag, Zusammenprall usw.) auf den akzentuierten Teil des Taktes bzw. den akzentuierten Takt einer musikalischen Periode zu legen. So flieht z.B. ein Maus vor einem Löwen und stößt mit dem Kopf gegen einen Felsen, was mit einem Gong oder einer Pauke auf dem starken Teil des ersten Taktes einer neuen Periode unterstrichen wird.[80] Die hohe Adäquatheit der Korrelation von Musik und Geschehen im Animationsfilm verleiht dem Film etwas Mechanisches und steigert so die Komik. Diese spielt eine große Rolle im Animationsfilm: Der Charakter der Gestalten entspricht keinem realen Charakter. Die steifen Bewegungen, die der geringeren Zahl der auf jede Bewe-

79 Vgl. Lissa 1965: S. 339 ff.

80 Vgl. Ebd. S. 341.

gungsphase entfallenen Bildfenster entspringt, wirken skurril. Dies gilt auch für die Deformierungen, die die Gestalten durchlaufen (mit übergroßen Ohren, besonders schmalen Hälsen usw.). Einen wirklich ernsthaft dramatischen Charakter haben die Zeichentrickfilme selten. Selbst Filme mit traurigen Szenen wie *Bambi* enthalten überwiegend komische Elemente.[81]

Die Funktionen der Musik im Zeichentrickfilm erschöpft sich zumeist auf einen idealen illustrativen Synchronismus. Dies trifft besonders auf Zeichentrickfilme zu, die nicht zu einer bereits vorliegenden Musik hergestellt werden. Die Aufgabe der Musik beschränkt sich auf zwei Felder: Die rhythmische Struktur der Musik unterstreicht die Bewegungen der visuellen Erscheinungen und die melodische Struktur der Musik macht diese plastisch. Dabei fallen Äpfel zum Takt der Musik vom Baum oder Tiere springen in idealer Übereinstimmung mit dem musikalischen Rhythmus. Sprünge verfolgter Küken werden von lockeren Klängen in hohen Registern begleitet, während die Sprünge des verfolgenden Wolfes von dumpfen, schweren Akkorden begleitet werden. Dies sind nur einige Facetten der musikalischen Gestaltung. In sehr geringem Maß und selten dient die Musik der emotionalen Einwirkung. Wenn sie dafür steht, dann um die Situationskomik zu unterstreichen. Absichtlich werden sehr häufig reale Geräusche benutzt. Diese sind entweder natürlich, stilisiert oder der karikaturistischen Deformierung unterworfen. Es sind unnatürliche Beziehungen zwischen einem natürlichen Geräusch und einer unnatürlichen Gestalt. Das Missverhältnis löst die Komik aus. Meist wird es leitmotivisch angewendet.[82] Dies gilt zum Beispiel für die Stimmen der Zwerge in *Schneewittchen und die sieben Zwerge.*

Jedenfalls ist die Musik die einzig reale Konstante im Zeichentrickfilm. Sie belebt die gezeichneten Gestalten und weckt im Zuschauer Sympathie oder Antipathie. Die Musik, als reale Konstante im Gegensatz zu den Gestalten und der Handlung, dient somit im weitesten Sinne der Verständlichkeit des Gesehenen. Sie spiegelt das Geschehen und gibt die Animation und graphischen Darstellungen auf ihre eigene Weise wieder. Folgerichtig gibt sich die Musik auch synchron mit den Bewegungen und Handlungen im Film.[83]

---

81 Vgl. Ebd. S. 342.

82 Vgl. Ebd. S. 342 f.

83 Vgl. Lexman, Juraj: Theory of Film Music. In: Kováč, Dušan (Hrsg.) : Series of Slovak Academy of Sciences. Volume 2. Frankfurt am Main: Peter Lang GmbH Europäischer Verlag der Wissenschaften 2006. S. 165.

4.2 Entstehung von Animationsfilmmusik

Es gibt nur zwei Möglichkeiten mit Animationsfilmmusik zu arbeiten. Entweder wird ein bereits fertiger Animationsfilm nachvertont oder die Musik ist zuerst aufgenommen worden und dann entsteht der Film. Im Falle der Walt Disney Musik kann man sagen, dass der Film zumeist geplant und die Musik speziell darauf zu komponiert wird. Dafür benötigt der Regisseur einen geeigneten und ihm vertrauten Komponisten. Auf die Wechsel der Komponisten bei Disney ist bereits in den Ausführungen zur Geschichte eingegangen worden. Walt Disney war z.B. grundsätzlich der Meinung, dass für eine gute Zusammenarbeit Regisseure und Animateure ein gutes Musikstudium erhalten, in dem unter anderem Rhythmus und Tanz studiert werden.[84]

Das „pre-scoring", der Animation auf eine bereits bestehende oder speziell für den Film komponierte Musik, schafft die Möglichkeit ein ganz anderes Ton-Bild-Verhältnis als im Realfilm herzustellen. Es kann eine nahezu perfekte Anpassung der optischen Bewegung an die Musik, die dem Ballett verwandt ist, herbeigeführt werden.[85] Auf die besondere Technik Disneys hinsichtlich dem *Mickeymousing* und der perfekten Synchronisierung von Musik und Bild ist bereits ausgiebig eingegangen worden. Auch die satirische und schalkhafte Überspitzung der Synchronisierung wurde bereits skizziert.

Eine gute Zusammenarbeit von Regisseur und Komponist ist bei diesem Verfahren besonders wichtig. Zunächst wird gemeinsam das Storyboard des Films durchgegangen und Einsätze, Längen und Art der Musik besprochen.[86] Auch Walt Disney arbeitete mit seinem Komponisten in einem Raum zusammen. Sie planten gemeinsam die Szenen, bevor der Animator mit seiner Arbeit begann. Erst hat der Komponist die richtige Stimmung bzw. ein passendes musikalisches Thema für die Szene oder Aktion gesucht und dann spielte er sie immer wieder, während der Regisseur die Szene visualisierte und die Aktion in seiner Vorstellung oder durch Vorspielen im Raum zeitlich festlegte. In einem „bar sheet" wurden die Visualisierungen schließlich unter die dazugehörigen Noten geschrieben. Dieser Fahrplan kennzeichnet parallel zur Musik die Aktion im Bild und hat sich in der Anwendung gerade auch bei den Produktionen der Disney Company gut bewährt.

---

84 Vgl. Johnston, Ollie und Thomas, Frank: The Illusion of Life; First Hyperion Edition, Walt Disney Productions: New York 1981. S. 285.

85 Vgl. Ehl, Silvia: Die Musikdramaturgie im Animationsfilm. Saarbrücken: VDM Verlag Dr. Müller Aktiengesellschaft und Co. KG 2008. S. 16 f.

86 Vgl. Ebd. S. 14.

5 Filmmusikanalyse nach Fred Karlin

Um einen Film auf seine Musik hin zu analysieren, ist es wichtig sich mit dem Hören von Musik auseinanderzusetzen. Die Musik ist meist unterschwellig und rückt nicht zwingend beim Sehen eines Films in den Vordergrund. Demzufolge muss sich die Konzentration des Zuschauers auf das Hören verlagern. Um die Musik tatsächlich analysieren zu können, muss man sich diese mehrmals anhören. Die Musikstücke im Film haben eine vom Komponisten gegebene Zweideutigkeit: Zum einen erfüllen sie eine Rolle innerhalb der Szene und zum anderen innerhalb des Films als Gesamtkomplex. Die Fragen, die es sich zu stellen gilt, lauten: Warum ist die Musik an dieser Stelle, was ist die Aussage und wie wird diese vermittelt. Effektives Zuhören ergibt sich aus der Beantwortung dieser drei Fragen.[87]

Die Analyse einer Filmmusik beginnt Karlin mit der Analysierung des Stils der Musik. Dabei unterscheidet er ganz allgemein zwischen Jazz, Klassischer, Country und Blues Musik. Um eine treffende Analyse zu geben, sollte die Musik spezifischer darüber hinaus beschrieben werden. Elemente im Film können den Stil der Musik beeinflussen. Wenn man nach der Zeit geht, handelt es sich in einem Film über die Romantik um eine entsprechend modern romantische Symphonie. Es stellt sich also die Frage nach einem historischen Hintergrund. Weitere Anhaltspunkte bilden ethnische, geographische und genrespezifische Inhalte des Films. Grundsätzlich gelten drei verschiedene Ebenen bei der Analyse des Stils: die charakteristischen Eigenschaften eines generellen Themas im Allgemeinen, das Ausmaß und die Art und Weise, in der ein bestimmter Cue das Thema aufruft, und wie das Thema dramaturgisch in den Film eingebunden wird.[88] Es ist wichtig, ein Konzept für den Stil der Musik zu entwickeln. Dieses Konzept lässt sich leichter für den Zuschauer erkennen und analysieren. Wenn die Musik ein klares Konzept verfolgt und plötzlich ohne erkennbaren dramaturgischen Grund das Konzept verlässt, verliert sie ihre Glaubwürdigkeit. Meist wird die Linie des Konzepts anhand der Figuren im Film sichtbar, da sie mit dem meisten musikalischen Material ausgestattet werden. Besonders der Gebrauch bestimmter Instrumente für eine Figur, wie der Mundharmonikaspieler in *Spiel mir das Lied vom Tod* (Italien, USA 1986),

87 Vgl. Karlin, Fred: Listening to Movies - The Film Lover's Guide to Film Music. New York: Schirmer Books 1994. S. 67.

88 Vgl. Neumeyer, David und James Buhler: Analytical and Interpretive Approaches to Film Music (I): Analysing the Music. In: Donnelly, K.J. (Hrsg.): Film Music. Critical Approaches. Edinburgh: University Press 2001. S. 24.

ist prägnant.[89] In diesem Film wird immer dieselbe Melodie immer auf der Mundharmonika gespielt, sobald der Mundharmonikaspieler auftritt. Auch die Melodie der Musik ist im Film entscheidend. Gerade in Westernfilmen ist die Melodie einprägend und traditionell besetzt. Auch Leitmotive sind für eine eingängige Melodieführung sehr beliebt. Ebenso wichtig wie die Melodie einer Musik, ist deren Rhythmus, Harmonie und Instrumentation.

Die Standard-Analyse, der Fred Karlin folgt, orientiert sich an zentralen Punkten. Zunächst erfolgt eine Aufzählung der Fakten: Titel, Jahr, Regisseur, Komponist u.v.m.. Nach einer folgenden kurzen Inhaltsangabe des Films, beschreibt er knapp den Stil der Musik (die Instrumentation, musikalische Vorbilder, konzeptionelle Hintergründe wie die Rolle bestimmter musikalischer Motive innerhalb der Handlung, sowie dessen Einsatz und Entwicklung im Verlauf des Films). Anschließend erfolgt eine Liste, das sogenannte Spotting. Innerhalb dieser stehen Angaben über die Länge des Films, Anteil der Musik, Verteilung der Musik, Bemerkung zu Funktionen, eine Auflistung der einzelnen „cues“ (Abschnitte mit Musik, unterteilt in Nummern] und Cue-Titel, die nicht denjenigen der originalen „cue – sheets“ entsprechen. Ebenso erfolgen Angaben zu Dauer der Cues, Einsatz und Ende der Musik bezüglich der Handlung ohne Beschreibung der Musik. Daraufhin folgt eine Liste und Zuordnung der musikalischen Themen und Bemerkungen zu deren Funktionen. Schließlich werden Beschreibungen des Verhältnisses der Musik zur Filmdramaturgie und Angaben zum Gebrauch von Musik gemacht. Abschließend werden noch Angaben zu Tempo und Dynamik der Musik und deren Einfluss auf Tempo und Dynamik des Films gegeben.[90]

89 Vgl. Karlin 1974: S. 70 f..

90 Vgl. Ebd. S. 93 ff. (Beispiel einer Filmmusikanalyse)

6 Vorstellung der zu analysierenden Disney-Filme

Die Analyse der Disney-Filme in dieser Arbeit orientiert sich an Karlin, wird dieses Analyseverfahren dagegen nicht in seiner Vollständigkeit übernehmen. Die Analysen werden in die theoretischen Grundlagen, die betrachtet werden, integriert und direkt behandelt. Um der Analyse der Filme folgen zu können, werden deshalb grundsätzliche Fakten zu den einzelnen Filmen bereits vor den theoretischen Darstellungen gegeben. Der Aufbau dieser Fakten orientiert sich an Karlin. Auf Spotting-Listen wird aufgrund des Umfangs und der Anzahl der Filme verzichtet. Angaben, die nicht innerhalb der allgemeinen Fakten zu den Filmen gemacht werden, ergeben sich im Verlauf der weiteren theoretischen und analytischen Ausführungen.

6.1 Schneewittchen und die sieben Zwerge[91]

Schneewittchen und die sieben Zwerge ist der erste abendfüllende Zeichentrickfilm der Walt-Disney-Studios von 1937. Die Regie für diesen Film übernahm David D. Hand. Unter den für die Musik verantwortlichen Personen sticht vor allem Frank Churchill heraus, der nicht nur Komponist, sondern auch Arrangeur für die Musik in *Schneewittchen* war.

Im wesentlichen orientiert sich die Handlung des Films an dem Märchen *Schneewittchen* von den Brüdern Grimm. Es wurden lediglich Kürzungen bzw. dramaturgische Erweiterungen vorgenommen. Die schöne, junge Prinzessin Schneewittchen wächst als Dienstmagd am Hof ihres Vaters und ihrer neidischen Stiefmutter auf. Da diese nicht ertragen kann, dass ihre Stieftochter immer schöner sein wird als sie, beauftragt sie einen Jäger, das Mädchen in den Wald zu bringen und dort zu töten. Der Jäger bricht das Vorhaben allerdings ab und Schneewittchen flieht in den Wald. Dort trifft sie auf das Haus der sieben Zwerge, welches sie zunächst mithilfe der Waldtiere einem Hausputz unterzieht. Kurze Zeit später kommen die Zwerge von ihrer Arbeit in der Edelsteinmine, in den nahen Bergen, fröhlich singend nach Hause. Erstaunt finden sie ihr Haus sauber und ordentlich vor. Als sie Schneewittchen schlafend in ihren Bettchen finden, erschrecken sie zunächst, freunden sich dennoch schnell miteinander an. In der Zwischenzeit hat die Stiefmutter durch ihren

91 Schneewittchen und die sieben Zwerge. Regie: David D. Hand. Produktion: Walt Disney. Musik: Leigh Harline, Paul J. Smith, Frank Churchill, Oliver Wallace. USA 1937: DVD Walt Disney Home Entertainment. Walt Disney Blue Collection 01.

magischen Spiegel erfahren, dass Schneewittchen noch am Leben ist. Sie verhext sich in ein hässliches altes Weib und braut einen vergifteten Apfel. Mit diesem geht sie zu Schneewittchen, als die Zwerge in den Bergen sind. Sie gewinnt Schneewittchens Vertrauen und diese beißt in den Apfel. Von den Waldtieren alarmiert, eilen die Zwerge zu ihr. Doch sie können die Stiefmutter nur noch stellen und in den Tod jagen. Die trauernden Zwerge bestatten die Prinzessin in einem gläsernen Sarg. Schließlich kommt der junge Prinz, der sie küsst. Daraufhin erwacht Schneewittchen wieder zum Leben. Vereint begeben sie sich auf des Prinzen Schloss.

Erstmals zur damaligen Zeit ist es gelungen einem Film eine so vollkommene Symbiose von Film und Musik abzufordern. Walt Disneys Anspruch war es, der Musik Funktionen wie eine Exposition, Entwicklung der Charaktere oder Situationen und das Vorantreiben der Handlung zuzufügen. Innerhalb der Analysen wird auffallen, dass die Musik stark deskriptiv und leitmotivlastig ist. Zudem fügt sie sich historisch ein, indem sie sich stark durch opernmusikalische Mittel auszeichnet. Das Orchester wird von typisch orchestralen Streichern und Bläsern dominiert, die den Film orchestral ausfüllen. Die Handlung der Figuren fügt sich hier perfekt in den Gesang und die Musik ein. Die Musik untermalt hauptsächlich die Bewegungen der Figuren, Situationen und Emotionen.

Für die Kategorie der „Besten Filmmusik“, erhielt der Film 1938 auch eine Oscar-Nominierung. Den tatsächlichen Oscar gab es ein Jahr später als „Special Award“.[92] Dem Film wurde die signifikante Filminnovation anerkannt, die ein Millionenpublikum begeistert hatte.

6.2 Bambi[93]

Bambi ist der fünfte abendfüllende Zeichentrickfilm der Walt-Disney-Studios. Er erschien 1942, basierend auf dem 1923 erschienenen Buch *Bambi - Eine Lebensgeschichte aus dem Walde* von Felix Salten. Der Film wurde bereits 1937 initiiert und sollte ursprünglich als zweiter abendfüllender Zeichentrickfilm direkt nach *Schneewittchen und die sieben Zwerge* erscheinen, was der Musik auch anzumerken ist. Unter der Regie

92 Academy of Motion Picture Arts and Sciences: http://awardsdatabase.oscars.org/ampas_awards/BasicSearchInput.jsp (30.04.2010): Film Title: *Snow White and the Seven Dwarfs.*

93 Bambi. Regie: David Hand. Produktion: Walt Disney. Musik: Edward H. Plumb, Frank Churchill, Paul J. Smith. USA 1942: DVD Walt Disney Home Entertainment. Walt Disney Blue Collection 01.

von David Hand und dem Perfektionismus Walt Disneys selbst zog sich die Veröffentlichung allerdings immer weiter hin.[94]

In *Bambi* geht es um den Lebenszyklus des Waldes und seiner Bewohner. Anhand der Jahreszeiten und des Hirsches Bambi und seiner Freunde, dem Kaninchen Klopfer und dem Stinktier Blume, wird dieser Zyklus zum einen jahreszeitlich und zum anderen lebenszeitlich beispielhaft durchlaufen. Die Freunde erleben zunächst eine glückliche und sorglose Kindheit. Bambi lernt die gleichaltrige Feline kennen und die Gefahr, die von Menschen ausgeht. Sommer, Herbst und Winter vergehen. Innerhalb des Winters verliert Bambi durch einen Jäger seine Mutter und wird von seinem Vater, dem Fürst des Waldes, aufgenommen. Jahre später ist Bambi zu einem stattlichen jungen Hirsch herangewachsen und trifft neben Klopfer und Blume auch Feline wieder. Die beiden verlieben sich ineinander und Bambi muss mit einem anderen Hirsch um Feline kämpfen. Er gewinnt und beide leben glücklich zusammen, bis eine Gruppe von Jägern die Idylle zerstört. Die Jäger beginnen die Tiere zu erschießen und Feline wird von einem Rudel Jagdhunde gehetzt. Sie wird von Bambi gerettet, der kurz darauf von Jägern angeschossen wird. Inzwischen hat sich das Lagerfeuer der Jäger in einen Waldbrand verwandelt, der sich rasend schnell ausbreitet. Bambi liegt unterdessen apathisch und schmerzerfüllt am Boden, bis sein Vater erscheint und ihn auffordert aufzustehen. Gemeinsam fliehen sie vor dem Feuer. Wie auch andere Tiere und Feline, kommen Bambi und sein Vater zu einer kleinen Inselgruppe, wo sie auf das Ende des Brandes warten. Der Film setzt nun ein Jahr später im Frühling wieder ein, als Bambi und Feline Eltern von Zwillingen geworden sind. Auch Klopfer und Blume haben Kinder bekommen. Der Film endet schließlich so, wie er begonnen hat. Nach der Besichtigung der neugeborenen Zwillinge (zu Beginn war es Bambi selbst), schwenkt die Kamera zu einem hohen Felskliff, auf dem Bambi und sein Vater stehen. Schließlich geht der Vater und überlässt Bambi den Wald (zu Beginn des Films sieht der Zuschauer erst den Vater auf der Klippe und dann schwenkt die Kamera zum neugeborenen Bambi). Nun ist Bambi der Fürst des Waldes und der Zyklus ist einmal durchlaufen und somit abgeschlossen.

Die Komposition für die Musik wurde Edward H. Plumb übergeben, während Churchill die Lieder komponieren sollte. Die Musik Plumbs charakterisiert sich klassisch-orchestral und ist eines der wichtigsten Stilmittel von *Bambi*. Da nur rund 1000 Worte im Film gesprochen werden, kommt der Filmmusik eine besondere Bedeutung zu. Sie wird im gesamten Film nur zweimal für circa 18 Sekunden unterbrochen. Die

---

94 Vgl. Tietyen, David 1990: S. 66.

Handlung im Film bewegt sich mit der Musik vorwärts. Sie ist Teil der Handlung und wird von typisch klassisch-orchestralen Instrumenten und einem 40 Stimmen Chor getragen.[95] Die Titelmusik *Love is a Song* wurde 1943 für den „Besten Song" und die „Beste Filmmusik" für den Oscar nominiert.[96] Plumb erfasste sowohl die Stimmung des Waldes als auch die Persönlichkeiten der einzelnen Tiere in den Noten. Lieder und Filmmusik wurden optimal aufeinander abgestimmt, so dass musicaltypische Brüche weitgehend vermieden werden. In *Bambi* kommen insgesamt nur vier Songs zum Einsatz. Das Besondere daran ist, dass diese im Film durchweg vom Chor aus dem Off gesungen werden. In den meisten anderen Disney-Zeichentrickfilme werden die Lieder von den Charakteren selbst gesungen. Zudem ist das Prinzip des *Mickeymousing* perfekt umgesetzt worden, so dass die verschiedenen Klangfarben, Tonhöhen und Rhythmen derart gut eingesetzt wurden, dass neben Orchester und Chor nur sehr wenige Geräuscheffekte benötigt wurden. Ein Beispiel hierfür ist der Song *Little April Shower*, auf den in einem späteren Kapitel näher eingegangen wird.

6.3 Cinderella[97]

Cinderella ist der zwölfte abendfüllende Zeichentrickfilm der Walt-Disney-Studios aus dem Jahr 1950. Er bezieht sich auf die gleichnamige Märchenfigur in einer Adaption von Charles Perrault. Die Regie für diesen Film teilten sich Clyde Geronimi, Wilfred Jackson und Hamilton Luske. Der Film wurde zu einer Zeit produziert, in der man nicht wusste, ob das Studio finanziell überleben würde. Der letzte große Erfolg, *Schneewittchen und die sieben Zwerge*, lag über zehn Jahre zurück. Die Filme dazwischen hatten größtenteils Verluste beschert und nach *Bambi* produzierte Disney vorerst keine weiteren abendfüllenden Filme.

Der Film wird in der Hinführung wie ein Märchen behandelt und der Zuschauer lernt Cinderella von einer Erzählerstimme aus dem Off kennen. Cinderella lebt im Haus ihrer Stiefmutter und deren Töchter Anastasia und Drisela. Cinderella selbst ist viel hübscher als ihre Stiefschwestern und so wird sie von ihnen und ihrer Stiefmutter gedemütigt,

---

95 Vgl. Tietyen, David 1990: S. 66.

96 Academy of Motion Picture Arts and Sciences: http://awardsdatabase.oscars.org/ampas_awards/BasicSearchInput.jsp (30.04.2010): Film Title: *Bambi*.

97 Cinderella. Regie: Clyde Geronimi, Wilfred Jackson, Hamilton Luske. Produktion: Walt Disney. Musik: Paul J. Smith, Oliver Wallace, Mack David, Al Hoffman, Jerry Livingston, Joseph S. Dubin. USA 1950: DVD Walt Disney Home Entertainment. Walt Disney Blue Collection 03.

indem sie ihr unangemessen viel Hausarbeit geben. Dessen ungeachtet träumt und singt sie mit ihren Freunden, den Mäusen Jaques und Karli. Eines Tages wird zum Ball auf dem Schloss geladen. Der Prinz ist auf der Suche nach einer Frau, und jedes heiratsfähige Mädchen habe zu erscheinen. Cinderellas Stiefmutter versucht ihr den Ball unmöglich zu machen und gibt ihr noch mehr Arbeit. Ihr Kleid wird von Anastasia und Drisela zerstört. Doch ihre gute alte Fee kommt ihr zur Hilfe und zaubert ihr nicht nur ein neues Kleid, sondern auch eine Kutsche. Der Zauber besteht allerdings nur bis Mitternacht. Auf dem Ball tanzt Cinderella mit dem Prinzen und muss um Mitternacht den Ball fluchtartig verlassen. Dabei verliert sie ihren gläsernen Schuh. Der Prinz möchte Cinderella heiraten. Infolgedessen muss jedes Mädchen im Königreich den Schuh anprobieren. Diejenige, der er passt, wird des Prinzen Frau. Da Cinderella darüber offenbar sehr glücklich zu sein scheint und die Stiefmutter vermutet, dass Cinderella der Schuh passen könnte, sperrt sie Cinderella ein, bis die zwei Mäuse Karli und Jaques den Schlüssel holen und Cinderella befreien. Sie möchte den Schuh anprobieren, doch er zerbricht, als die Stiefmutter dem Diener des Prinzen ein Bein stellt, so dass er mit dem Schuh zu Boden stürzt. Cinderella zückt den anderen Schuh aus ihrer Tasche, der selbstverständlich passt, und so darf sie mit auf das Schloss. Dort heiratet sie den Prinzen.

Walt Disney beauftragte für die Musik in *Cinderella* den Musikverlag "Tin Pan Alley". Die Komponisten und Texter waren Mack David, Al Hoffman und Jerry Livingston. Sie komponierten unter anderem *A Dream Is A Wish Your Heart Makes, Bibbidi-Bobbidi-Boo* und *So This Is Love.* Vor Cinderella wurde die Musik immer ausschließlich für den jeweiligen Film komponiert. Diesmal wurden sie für den potentiellen Markt mitgeschrieben. Für *Cinderella* gründete die Walt Disney Company einen eigenen Musikverlag (Walt Disney Music Company), da man in allen Liedern Hit-Potenzial entdeckte und sie selbst vermarkten wollte. Das Album wurde ein Bestseller (750.000 verkaufte Exemplare), ebenso die Singles, die alle Nummer-Eins-Hits wurden.[98] Der Film wurde 1951 sogar in den Kategorien „Bester Song" und „Beste Filmmusik" für den Oscar nominiert.[99]

Auch in diesem Film fügen sich die Handlung und Situationen in die Musik ein. Die Musik treibt die Handlung voran. Der Film arbeitet

98 Vgl. Tietyen, David 1990: S. 89 ff.

99 Academy of Motion Picture Arts and Sciences: http://awardsdatabase.oscars.org/ampas_awards/BasicSearchInput.jsp (30.04.2010): Film Title: *Cinderella.*

viel mit Leitmotiven, aber auch mit emotionaler Stimmungserweckung. Auch hier dominieren noch immer die orchestralen Streicher.

6.4 Das Dschungelbuch[100]

Das Dschungelbuch ist der 19. abendfüllende Zeichentrickfilm der Walt-Disney-Studios aus dem Jahr 1967. Dieser Film basiert auf den Dschungelbuch-Erzählungen von Rudyard Kipling. Er war der letzte Zeichentrickfilm, der noch von Walt Disney selbst produziert wurde. Walt Disney verstarb noch während der Produktionsphase. Regie führten Wolfgang Reitherman, Wilfred Jackson und Hamilton Luske.

Im Dschungelbuch erzählt der Panther Baghira die Geschichte des Findelkindes Mogli. Baghira findet das „Menschenjunge" im Dschungel und bringt es bei einer Wolfsfamilie unter. Mogli lebt zehn Jahre glücklich im Dschungel bis der Tiger Shir Khan kommt und ihn töten will. Die Wölfe und Baghira möchten Mogli zu einer Menschensiedlung in Sicherheit bringen. Auf dem Weg zu der Siedlung treffen Mogli und Baghira auf die Riesenschlange Kaa, eine Elefantenkompanie, den Bären Balu und schließlich den Affenkönig King Louis. Weil Mogli nach wie vor nicht in die Menschensiedlung will, trennt er sich von Baghira und Balu und geht allein seines Weges. Baghira, Balu und die Elefantenpartouille suchen Mogli. Dieser trifft inzwischen neue Freunde, vier Geier. Während eines plötzlichen Gewitters greift der gefürchtete Tiger Mogli schließlich an. Es kommt zum Kampf, den am Ende Mogli mit einem durch einen Blitzschlag entflammten Ast gewinnt. Als sie schließlich am Ende ihrer Reise sind, hört Mogli eine Mädchenstimme aus der Menschensiedlung singen. Völlig verzückt folgt er ihr und lässt Balu und Baghira zurück. Diese sind froh über Moglis Entscheidung und singen Arm in Arm *Probier's mal mit Gemütlichkeit.*

Der Film wurde nicht zuletzt wegen seiner Lieder so populär. Diese wurden von Richard M. Sherman und Robert B. Sherman geschrieben. Darunter sind *I Wanna Be Like You,* das Quartett der Geier *That's What Friends Are For,* und *Colonel Hathis Marsch* zu finden. Der populärste Song des Filmes, *The Bare Necessities,* wurde jedoch von Terry Gilkyson

100 Das Dschungelbuch: Regie: Wolfgang Reitherman, Wilfred Jackson, Hamilton Luske. Produktion: Walt Disney. Musik: George Bruns, Robert B. Sherman, Richard M. Sherman, Terry Gilkyson, Walter Sheets. USA 1967: DVD Walt Disney Home Entertainment. Walt Disney Blue Collection 07.

komponiert und erhielt 1968 eine Oscarnominierung.[101] Die Musik entspricht dem Motiv des Dschungels. Es wird viel mit Percussions, Fagott und Klarinette gearbeitet. Hier ist nichts mehr von den hochtrabenden Orchestermusiken früherer Disney-Filme zu hören. Zudem orientiert sich die Musik stark an seinem Zeitalter, den 1960er-Jahren. Ganz entgegen der meisten anderen zeitlosen Disney-Filme. So hat das Geier-Quartett einen Haarschnitt wie die Beatles. Ursprünglich war geplant, dass diese die Geier synchronisieren sollten, was aus Termingründen allerdings nicht möglich war. Der Affenkönig King Louis sollte ursprünglich von Louis Armstrong gesprochen und gesungen werden und ist auch dementsprechend angelegt. Ein Beispiel hierfür ist King Louis' Scat-Passage im Song *I Wanna Be Like You*. Am Ende bekam allerdings Louis Prima die Sprech- und Gesangsrolle, weil man bei Disney vermutete, den König der Affen mit dem König des Jazz zu besetzen würde als Affront gegen Armstrong bzw. Afroamerikaner im Allgemeinen gewertet werden.[102]

6.5 Arielle, die Meerjungfrau[103]

Arielle, die Meerjungfrau ist der 28. abendfüllende Zeichentrickfilm der Walt-Disney-Studios aus dem Jahr 1989. Er orientiert sich an dem Märchen *Die kleine Meerjungfrau* von Hans Christian Andersen. Regie haben John Musker und Ron Clements geführt. Mit diesem Film kehrte die Walt Disney Company zu dem mit *Schneewittchen und die sieben Zwerge* eingeführten Musical-Filmformat zurück. Die Idee zum Film gab es bereits Ende der 1930er Jahre, wurde damals wieder aufgegeben.

Arielle, die jüngste Tochter von König Triton, Herrscher über das Meeresvolk, ist mit ihrem Leben im Meer unzufrieden. Sie sehnt sich danach, ein Mensch zu sein und gerät mit ihrem Vater oft in Streitereien. Eines Abends beobachten Arielle und ihr Freund Fabius an der Oberfläche ein Feuerwerk zu Ehren des Prinzen Eric, der seinen Geburtstag auf einem Schiff feiert. Das Schiff gerät in einen Sturm und Eric wird von

---

101 Academy of Motion Picture Arts and Sciences: http://awardsdatabase.oscars.org/ampas_awards/BasicSearchInput.jsp (30.04.2010): Film Title: The Jungle Book.

102 Lohrmann, Michael: Interview mit Richard Sherman. In: Galore Nr. 10 (2008). S. 52

103 Arielle die Meerjungfrau (Special Edition). Regie: John Musker, Ron Clements. Produktion: John Musker, Howard Ashman. Musik: Alan Menken. Drehbuch: John Musker, Ron Clements, Roger Allers. USA 2006: DVD Walt Disney Home Entertainment BGA 0011204.

Bord geschwemmt. Arielle rettet ihn und verliebt sich in den Prinzen. Als dieser erwacht, verschwindet sie hastig und Eric hat keine Erinnerung an sie, außer an ihren wunderschönen Gesang. Da Arielles Vater vor Wut über ihre Handlung ist, zerstört er ihre Sammlung mit Dingen aus der Menschenwelt. Nun sieht Ursula ihre Chance gekommen und verspricht, Arielle für drei Tage in einen Menschen zu verwandeln. In diesen drei Tagen muss sie von Eric den Kuss der wahren Liebe erhalten; dann kann sie für immer ein Mensch bleiben. Schafft sie es nicht, verwandelt sie sich wieder in eine Meerjungfrau und ihre Seele gehört Ursula. Als „Bezahlung" erhält die Hexe ihre Stimme, da sie weiß, dass Eric Arielle nur an ihrer Stimme erkennen kann. An der Oberfläche erkennt Eric Arielle nicht, nimmt sie aber mit auf sein Schloss. Arielles Freunde Fabius, die Krabbe Sebastian und die Meeresmöve Scuttle bemühen sich, die beiden zum Küssen zu bewegen, während Ursula genau das Gegenteil versucht. Sie geht als wunderschöne Vanessa an Land und betört Eric mit Arielles Stimme. Eric glaubt, in Vanessa seine Lebensretterin gefunden zu haben, und die Hochzeit wird für den Abend festgelegt, an dem Arielles Arrangement mit Ursula ausläuft. Scuttle und Erics Hund Max versuchen das Ja-Wort zu verhindern. Dabei verliert Ursula die Kette, in der Arielles Stimme gefangen ist und diese bekommt ihre Stimme zurück. Eric realisiert, dass sie das Mädchen ist, das ihn rettete. Er will sie küssen, doch es ist zu spät. Mit dem Untergehen der Sonne verwandelt sich Arielle wieder in eine Meerjungfrau und die zurück transformierte Ursula entführt sie in die Tiefen des Meeres. Im Kampf gegen Ursula verliert Triton seine Krone, doch Eric kann den Kampf schließlich gewinnen und tötet die Meerhexe. Triton erkennt nun endlich wie unglücklich Arielle als Meerjungfrau ist und wie sehr sie Eric liebt und schenkt Arielle ein Leben als Mensch.

Die Musik in *Arielle* ist ausgesprochen akzentuiert. Das viel genutzte *Mickeymousing* ist in diesem Film zurückgetreten und nicht mehr die übergeordnete musikalische Stilrichtung. Besonders die Entwicklung aus dem historischen Kontext der Animationsmusik wird deutlich. So spiegeln die Texte der Lieder die Animation im Bildinhalt wieder. Zudem wird besonders viel Wert auf Leitmotive und emotionale Einfärbung der einzelnen Szenen gelegt. Gerade letztere war zuvor nicht unbedingt Standard in Animationsfilmen.

Arielle wurde bei den Oscarverleihungen 1990 mit zwei Oscars für die „Beste Filmmusik" für Alan Menken und für den „Besten Filmsong" für Alan Menken und Howard Ashman (*Under the Sea*) geehrt.[104] Zudem bekam der Film 1991 einen Grammy in der Kategorie „Bester Song" für Alan Menken und Howard Ashman (*Under the Sea*), 1990 zwei Golden Globes in der Kategorie „Bester Filmsong" für Alan Menken und Howard Ashman (*Under the Sea*).[105]

6.6 Die Schöne und das Biest[106]

Die Schöne und das Biest ist der 30. abendfüllende Zeichentrickfilm der Walt-Disney-Studios aus dem Jahr 1991. Er basiert auf dem gleichnamigen Volksmärchen aus Frankreich. Regie führten Gary Trousdale und Kirk Wise.

Im Film geht es vordergründig um die Liebe zwischen der schönen Belle und dem monströsen Biest. Einleitend wird die Geschichte des Biestes und dessen Verwandlung von einer Stimme aus dem Off erzählt. Der Fluch, der über dem verzauberten Prinzen und seinem verzauberten Schloss liegt, kann nur gebrochen werden, wenn er es bis zu seinem 21. Geburtstag schafft, eine Frau wahrhaftig zu lieben und ihre Liebe zu erringen. Ein Wechsel der Kamera zeigt das Leben der schönen Belle in einer engstirnigen Dorfgemeinschaft. Belle fühlt sich unwohl und vergräbt sich in ihren Büchern. Ihr Vater Maurice, ein bisher glückloser Erfinder, den die meisten Bewohner der Stadt für verrückt halten, macht sich mit seiner neuesten Erfindung auf den Weg zu einem Jahrmarkt. Unterwegs gerät er in das Schloss des Biestes und wird dort gefangen genommen. Belle reitet ihrem Vater nach und kann das Biest überzeugen sie statt ihres Vaters zu behalten. Nach anfänglicher gegenseitiger Ablehnung, flieht Belle aus dem Schloss, wird dennoch vom Biest vor den Wölfen im Wald gerettet. Daraufhin wandelt sich das Verhältnis und das Biest und Belle gehen aufeinander ein. Der Höhepunkt des Näherkommens stellt ein Dinner mit anschließendem Walzer dar. Doch das Biest lässt Belle ziehen, nachdem diese im verzauberten Spiegel gesehen hat, dass ihr Vater sterbenskrank ist. Zuhause erwartet sie Gaston, der Belle unbedingt heiraten will. Um zu beweisen, dass ihr Vater nicht verrückt

---

104 Academy of Motion Picture Arts and Sciences: http://awardsdatabase.oscars.org/ampas_awards/BasicSearchInput.jsp (30.04.2010): Film Title: The Little Mermaid.

105 MM-MMX Hollywood Foreign Press Association: http://www.goldenglobes.org/browse/year/1989 (27.04.2010)

106 Die Schöne und das Biest. Regie: Gary Trousdale, Kirk Wise. Produktion: Don Hahn. Musik: Alan Menken. USA 1991: DVD Walt Disney Home Entertainment. Walt Disney Blue Collection 10.

ist, zeigt sie den Dorfbewohnern das Biest im Spiegel, die daraufhin zum Schloss gehen um es zu töten. Im Schloss liefern sich dessen verzauberte Bewohner und die Dorfbewohner einen erbitterten Kampf, den die Dorfbewohner verlieren. Höhepunkt des Kampfes bildet der Kampf zwischen Gaston und dem Biest, bei dem Gaston stirbt, das Biest allerdings schwer verletzt wird. Das Biest stirbt in Belles Armen, die ihm kurz bevor das letzte Blatt der Rose fällt ihre Liebe offenbart. Daraufhin verwandelt sich das Biest in den schönen Prinzen zurück. Belle erkennt ihr geliebtes Biest in seinen Augen und durch einen Kuss erlangen sein Schloss mit deren Bewohner ihre ursprünglichen Gestalten wieder. Die Geschichte endet mit einer Hochzeit im Ballsaal, bei der alle Schlossbewohner und Belles Vater anwesend sind.

Die Musik zum Film komponierte der erfahrene Disneykomponist Alan Menken. Der Titel *Die Schöne und das Biest* gewann 1992 jeweils einen Oscar für den „Besten Song" und die „Beste Filmmusik".[107] In denselben Kategorien gewann er ebenfalls 1992 den Golden Globe.[108] Die Musik im Film erinnert wieder an vergangene Filme mit viel orchestraler Musik zur Untermalung der Stimmung. Es wird mit den verschiedensten Techniken gearbeitet, die in ihrer Kombination eine perfekte Mischung aus Musik und Bildinhalt bieten.

6.7 Der König der Löwen[109]

Der König der Löwen ist der 32. abendfüllende Zeichentrickfilm der Walt-Disney-Studios aus dem Jahr 1994. Die Regie führten Roger Allers und Rob Minkoff.

Die Handlung des Films dreht sich um den Löwenjungen Simba und die Suche nach seinem Platz im Kreislauf des Lebens. Die Geschichte beginnt bei Simbas Geburt und erstreckt sich über dessen Kindheit. Simba erhält von seinem Vater Unterweisungen über den „Kreis des Lebens" und gerät in die Fallen von Mufasas Bruder Scar, der neidisch auf die Stellung seines Neffen als Erbe ist und plant den Thron an sich zu reißen. Simba und seine Freundin Nala gehen zu dem von Scar beschriebenen Elefantenfriedhof, wo sie von Scars Freunden, den Hyänen

107 Academy of Motion Picture Arts and Sciences: http://awardsdatabase.oscars.org/ampas_awards/BasicSearchInput.jsp (30.04.2010): Film Title: The Beauty and the Beast.

108 Vgl. http://www.goldenglobes.org/browse/year/1991 (27.04.2010)

109 König der Löwen. Regie: Roger Allers, Rob Minkoff. Produktion: Don Hahn. Musik: Hans Zimmer, Elton John, Lebohang Morake. USA 1994: DVD Walt Disney Home Entertainment. Walt Disney Blue Collection 12.

Shenzi, Banzai und Ed empfangen werden. Doch Mufasa kann die beiden retten und erteilt seinem Sohn hinterher eine Lektion. Von Scar in die Schlucht gelockt, wird Simba von einer Gnu-Herde überrascht. Nur Dank der Hilfe seines Vaters überlebt Simba, doch Mufasa wird dabei ohne das Wissen Simbas von Scar getötet. Als Scar Simba bei seinem toten Vater findet, lässt er Simba in dem Glauben seinen Vater getötet zu haben und befiehlt ihm das Land zu verlassen und nie mehr wieder zu kommen. Simba bricht schließlich mitten in der Wüste zusammen und wird von Timon, einem Erdmännchen, und Pumba, einem Warzenschwein, gerettet. Mit ihnen und ihrer Philosophie „Hakuna Matata" („Keine Sorgen") wächst er nun auf. Als ausgewachsener Löwe trifft er seine Kindheitsfreundin Nala wieder, die Scars diktatorischer Herrschaft entkommen ist, um Hilfe zu suchen. Sie bittet Simba, zurückzukehren und seinen rechtmäßigen Platz als König einzunehmen. Doch Simba weigert sich. Auch Rafiki, der langjährige Berater Mufasas, kommt um Simba zu überzeugen und zeigt diesem, dass Mufasa in ihm weiterlebt. Mufasa erscheint als Geist und rät Simba, in sich hineinzublicken und zu erkennen, dass er der rechtmäßige König ist. Schließlich entscheidet sich Simba nach Hause zurückzukehren. Als er dort ankommt, sieht Simba in welch ödes Land Scar das blühende Königreich verwandelt hat. Mit der Unterstützung der Löwinnen, stellt er sich Scar. Dieser führt Simba aber zum Entsetzen der Löwinnen als Mörder Mufasas vor. Doch als Simba am Felsen einer Klippe, wie einst sein Vater, hängt, flüstert ihm Scar die Wahrheit zu. Simba befreit sich wutentbrannt und zwingt Scar seine Tat vor allen zu gestehen. Daraufhin kommt es zum Kampf zwischen den Löwinnen und den Hyänen. Im Kampf zwischen Simba und Scar stürzt letzterer vom Plateau hinunter. Er überlebt den Sturz, wird jedoch bereits von den Hyänen erwartet, die sich für Scars Verrat rächen und ihn töten. Simba wird nun zum König erklärt und führt das Land zurück zu Frieden und Wohlstand. Zusammen mit Nala bekommt er Nachwuchs, der wie Simba zu Beginn des Films den Untertanen präsentiert wird. Der Kreis des Lebens schließt sich.

Die Filmmusik zum *König der Löwen* hat Hans Zimmer komponiert. Dieser hatte bereits mit *Im Glanz der Sonne* (USA, Frankreich, Deutschland, Australien 1992) Erfahrung mit in Afrika spielenden Filmen und traditioneller afrikanischer Musik. Die musikalische Untermalung im Film stellt eine ungewöhnliche Mischung aus Klassik und traditionellen afrikanischen Klängen dar. Dazu holte Hans Zimmer Lebohang Morake (Lebo M.), mit dem er bereits bei *Im Glanz der Sonne* zusammengearbeitet hatte. Lebo M. und der von ihm zusammengestellte Zulu-Chor hatten starken Einfluss auf die afrikanischen Elemente der Filmmusik. Dementsprechend sind viele Hintergrundgesangstexte der Lieder auf Zulu. Für die Lieder wurde Elton John engagiert, der die Melodien zu den von Tim Rice geschriebenen Texten komponierte. Im Film selbst kommt Elton John nicht als Sänger vor. Für die kommerzielle Vermarktung wurden dessen ungeachtet separate Versionen von *Circle of Life* und *Can You Feel the Love Tonight* mit seiner Stimme aufgenommen. Der Film erhielt zwei Oscars.[110] Einen für Hans Zimmer für die „Beste Filmmusik" und für das Duo Elton John/Tim Rice für den „Besten Filmsong" für *Can You Feel the Love Tonight*. In den selben Kategorien gewann er zudem 1995 den Golden Globe.[111] Die Lieder *Circle of Life* und *Hakuna Matata* waren ebenfalls für den Oscar nominiert. Kommerziell war der Soundtrack mit über elf Millionen verkauften Platten ein großer Erfolg.[112]

6.8 Küss den Frosch[113]

Küss den Frosch ist der 49. abendfüllende Zeichentrickfilm der Walt-Disney-Studios aus dem Jahr 2009. Der Film basiert auf E. D. Bakers Kinderbuch *Esmeralda, Froschprinzessin*, das wiederum von dem Märchen *Der Froschkönig* von den Brüdern Grimm inspiriert ist. Er stellt eine Rückkehr zum klassischen Zeichentrickfilm dar. Regie haben John Musker und Ron Clements geführt.

Der Film spielt im New Orleans der 1920er Jahre. Die Hauptrolle fällt der afroamerikanischen Kellnerin Tiana zu, die um ihren Traum vom eigenen Restaurant zu erfüllen, zwei Jobs gleichzeitig bedient. Ihre beste Freundin Charlotte hingegen gehört dank ihres Vaters Big Daddy einer der wohlhabendsten und einflussreichsten Familien der Stadt an. Eines Tages trifft schließlich Prinz Naveen in New Orleans ein und lässt sich durch seine sorglose und leichtgläubige Art auf die Voodoo-Zauberei Dr. Faciliers ein. Er verwandelt den Prinzen in einen Frosch. Durch einen Kuss einer Prinzessin möchte der verwandelte Prinz Naveen, wie im Märchen, versuchen wieder ein Mensch zu werden. Indessen kommt es nur zu einem Kuss zwischen dem Froschprinzen und Tiana, der auch Tiana in einen Frosch verwandelt. Auf der Suche nach einem Gegenmittel zur Aufhebung des Zaubers beginnt eine witzige

110 Academy of Motion Picture Arts and Sciences: http://awardsdatabase.oscars.org/ampas_awards/BasicSearchInput.jsp (30.04.2010): Film Title: The Lion King.

111 http://www.goldenglobes.org/browse/year/1994 (28.04.2010)

112 http://www.businessweek.com/1998/07/b3565001.htm (20.04.2010)

113 Küss den Frosch. Regie: John Musker, Ron Clements. Produktion: Peter Del Veco. Musik: Randy Newman. USA 2009: DVD Walt Disney Studios Home Entertainment BGA 0062504.

und lebensfrohe Abenteuerreise durch die Sümpfe von New Orleans. Unterwegs schließen sie Freundschaft mit dem trompete-spielenden Alligator Louis und dem Südstaaten-Glühwürmchen Ray. Zusammen suchen sie Mama Odie, die alte Königin des Bayou, auf. Diese rät ihnen in sich hineinzuschauen und so die Lösung zu finden. Schließlich fahren die Freunde auf einem Mississippi-Dampfer wieder nach New Orleans, wo Dr. Faciliers Naveen gefangen nimmt und auf die Vermählung des falschen Naveen mit Charlotte wartet, um endlich an Geld und Macht zu gelangen. Doch Ray kommt Dr. Faciliers in die Quere und so kommt es auf dem Friedhof zum Kampf zwischen Dr. Faciliers und Tiana, die diesen gewinnt. Kurz bevor Prinz Naveen Charlotte verspricht sie zu heiraten, schreitet Tiana ein und gesteht Naveen ihre Liebe. Charlotte ist gerührt und gibt Naveen trotzdem einen Kuss. Doch der Kuss kommt erst nach Mitternacht. Schließlich entscheiden sich Tiana und Naveen für ein Leben als Frösche und heiraten. Der Kuss nach der Vermählung verwandelt beide wieder in Menschen, da Tiana nach dem Ehegelübde eine Prinzessin geworden ist. Tianas Traum wird wahr und sie eröffnen ein Restaurant in New Orleans.

Für die Musik im Film ist Randy Newman verantwortlich, der die Jazz-Ära der 1920er Jahre im französischen Viertel New Orleans musikalisch zum Leben erweckt. Sie ist ein fröhlicher Mix aus Jazz, Swing und Gospel. Dabei bringt Newman mit seinen Cajun-, Zydeco- und Dixieland-Songs die Höhepunkte des Films zum Tragen.

7 Filmmusik und Bildinhalt – eine enge Beziehung

Aufgrund der bisherigen Ausführungen, erschließt sich, dass Filmmusik und Bildinhalt eine enge Beziehung zueinander haben müssen. Ohne diese, würde jedes Genre für sich stehen und es würde keinerlei Berechtigung zu einer Symbiose wie sie bisher beschrieben worden ist geben. Diese Beziehung, die dementsprechend elementar für ein Gesamtkunstwerk ist, ist deshalb auch von verschiedenen Wissenschaftlern untersucht worden.

7.1 Lissa oder die synthetische Einheit

Lissa geht wie bereits erläutert vom Film als ein Gesamtkunstwerk aus. Sie beginnt ihre Theorie über eine Beziehung von Film und Musik mit Ausführungen über das Wirken der auditiven und der visuellen Sphäre im Film. Ihrer Meinung nach ergeben sich bei einem Zusammenwirken beider Sphären neue dramaturgisch-ästhetische Qualitäten. Dabei ist die Einheit der auditiven und der visuellen Sphäre sehr vielgestaltig. Während die Einheit von Bild und Lauteffekt, wie eine Rede, sich auf analogen Verbindungen bzw. Beziehungen zum Alltag aufbaut, ist die Verbindung von Musik und Bild eine spezifisch filmische Konvention, die im Stummfilm vorbereitet und in der Entwicklung des Tonfilms gefestigt worden ist.[114] Die Verbindung von Geschehen im Film und Musik ist somit etwas Besonderes.

Zudem ergeben sich durch die Verbindung von Musik und Film neue Dimensionen. So dient die Musik, die selbst keinen Raum bestimmen oder darstellen kann, in Verbindung mit dem Filmbild der Unterstreichung des Elements der Räumlichkeit. Da nur die Verbindung von Auge und Ohr eine vollständige Welt für den Menschen erzeugt, unterstreicht die auditive Sphäre vor allem die Bewegung. Fehlt diese, ist das Bild für den Zuschauer unvollständig und flach. Die *synthetische Einheit* von Bild und Musik ist bereits beschrieben worden und wird durch die Ausführungen Lissas nur noch einmal belegt und verdeutlicht:

> [...] die Musik [ist] immer mehrdeutig, das Bild immer eindeutig in seinem Inhalt. In der Verbindung leider *konkretisiert* das Bild die musikalischen Strukturen, die Musik dagegen *verallgemeinert* den Sinn der Bilder. Darin u.a. beruht die gegenseitige Ergänzung beider Elemente. Natürlich ändert sich in einer solchen Verbindung bis zu einem gewissen Grade die Art ihres Funktionierens; die Mu-

114 Vgl. Lissa 1965: S. 65 f.

> sik nimmt etwas Konkretes an, das *nicht* in ihrem Wesen liegt, und das Bild geht über die Grenzen des „Konkreten" in Richtung auf etwas Allgemeineres, allerdings mit ihm inhaltlich Verbundenen, hinaus. [...][115]

Gerade in dieser Aussage zeigt sich Lissas Bezug zum Tonfilm als „synthetische Kunst", in der die Elemente verschiedener Künste sich nicht nur verbinden und in neuen Beziehungen miteinander verknüpfen, sondern auch Gegensätzlichkeiten überwinden.

7.1.1 Der König der Löwen

Eine Szene in *Der König der Löwen* verdeutlicht das Modell der Räumlichkeit. Die Szene befindet sich im fortgeschrittenen Handlungsteil. Simba hat sich, nachdem er jahrelang bei Timon und Pumba sorglos in einer Oase gelebt hat, an sein wahres „Ich" erinnert und macht sich durch die Wüste auf den Weg zurück in die Heimat. Mit Einblendung seines Laufens, setzt ein Schlagzeug ein und eröffnet so den Lauf und die musikalische Untermalung. Man sieht Simba durch die Wüste sprinten. Deutlich vernehmbar ist dazu die Musik, die die Geschwindigkeit der Bewegung in den Lauf bringt. Sie ist schnell und konstant, wie der Lauf von Simba, der sich gleichmäßig elegant durch die Wüste bewegt. Die afrikanischen Klänge mit Flöten, Streichern, Percussions und dem Zulu-Chor scheinen ihn geradezu anzutreiben und seine Ankunft zu beschleunigen. Die Musik wird erst langsamer und leiser mit der Ankunft Simbas im geweihten Land. Es dauert nur 17 Sekunden bis Simba sein Ziel erreicht hat. Die Musik unterstreicht dieses schnelle Vorankommen. Neben der erzeugten Räumlichkeit, kommt in dieser Szene noch die Funktion der Relativierung des Zeitempfindens zum Tragen. Simbas Lauf kann real unmöglich nur 17 Sekunden dauern. Durch die musikalische Begleitung wird der Eindruck des Zusammenschnitts dennoch erzeugt und der Zuschauer scheint den gesamten Lauf zu sehen.

Wie Lissa beschrieben hat, würde die Szene ohne die Musik leer und unvollständig wirken. Die Bewegung kann nicht allein durch ein Bild erzeugt werden. Zugleich werden auch Emotionen im Zuschauer wachgerufen. Es wird emotionale Hektik und das ungute Gefühl von der Zeit gejagt zu werden hervorgerufen. Gehetzt und in Eile zu sein entstehen erst durch die Zugabe der Musik zum Bild. Auch wird in der Szene verdeutlicht was Lissa mit der Verallgemeinerung und der Konkretisie-

115 Ebd. S. 70.

rung des Bildes meint. Erst durch das Bild wird deutlich, worum es geht: Simba ist in Eile und die Musik treibt diese Eile an.

7.2 Norbert Jürgen Schneider oder das *Affektive Gedächtnis*

Schneider setzt bei seiner Kategorisierung der Beziehung zwischen Bildinhalt und Filmmusik bei einer Gegenüberstellung der visuellen und der auditiven Schicht an. Darauf aufbauend verfolgt er das Verhältnis von Musik im Film.

Er beginnt zunächst mit grundlegenden Ausführungen über Auge und Ohr. Das Auge wird von ihm als „[...] ein durch seine Beweglichkeit gerichtetes, gezielt einsetzbares und verschließbares, aktives Sinnesorgan, das [...] Informationen [über ein Objekt in einer bestimmten Distanz] vermittelt [...]."[116] dargestellt. Das Ohr hingegen ist „[...] passiv, unbeweglich, kaum gerichtet und nicht verschließbar; es vermittelt [...] gestaltschwache Informationen [...]."[117] Während das Auge mit dem Großhirn (zuständig für intelligente Leistungen) verbunden ist und aktive Bewegungen von circa 1/20 Sekunde Dauer ausführt, besitzt das Ohr eine sehr viel geringere Übertragungskapazität und ist nicht so stark mit dem Großhirn, dafür aber mit dem für das Emotionale und Affektive zuständige Stammhirn verknüpft. Daraus folgt, dass das Sehen über die Beschaffenheit und den Zustand der Umwelt informiert, das Hören hingegen über das Innenleben der Mitmenschen, wie über deren Gedanken und Stimmungen.[118]

Die Aufgabe des auditiven Sinnes beschränkt sich also auf das emotional-unbewusste Erfassen der Umwelt und das Fühlen. Das Sehen entspricht demgegenüber dem Denken und damit einem bewussten Aneignen der Welt. Das Denken des Menschen vollzieht sich je nach Art des Sehens. Es ist eine assoziative Verbindung von wahrnehmungsähnlichen Vorstellungen und Bildern, die ähnlich der Darstellungsweise im Film ist. Denken kann lediglich informativ und ohne emotionale Verbindung geschehen. Das Musikhören löst allerdings wesentlich mehr Reaktionen im Körper aus als das Sehen: Die Atmung kann beschleunigt bzw. beruhigt werden, wie auch der Puls und der Herzschlag.[119] Entscheidend für den Film ist also ein Zusammenwirken von auditiver und visueller Schicht.

116 Schneider 1990: S. 64.

117 Ebd.

118 Vgl. Ebd.

119 Vgl. Ebd. S. 64 ff.

Daraus ergibt sich ein für die Filmmusik wichtiger Wirkungsbereich. Dieser beruht auf dem *affektiven Gedächtnis*[120], der Verbindung von Erinnerungen mit bestimmten Stimmungen, Gefühlen und Musik. Dabei werden unter emotionspsychologischen Aspekten gespeicherte Daten des Gehirns immer im Kontext einer bestimmten Stimmung oder eines bestimmten Gefühls abgespeichert. Die Daten können ebenso persönliche Erinnerungen wie auch abstraktes Wissen betreffen. Sobald das Gefühl sich wieder einstellt, können die gespeicherten Daten spontan und leicht abgerufen werden. Für die Dramaturgie eines Films ist dieses Wissen zentral. So können Schlüsselstellen im Film mit einer Musik, die für die Einfärbung des Zuschauers in eine bestimmte Emotionslage sorgt, versetzt werden. Durch Einsetzen derselben Musik im weiteren Verlauf des Films kann beim Filmzuschauer eine Erinnerung an diese Schlüsselstelle erzeugt werden.[121]

Ausgehend von seinen Überlegungen zu Auge und Ohr, ordnet Schneider nun die Formen von Bild und Musik einander zu. Die Wahrnehmung des Filmerlebnisses wird durch Bild und Ton vermittelt. Dabei sind die durch Bild und Ton vermittelten Informationen in ihrer Beschaffenheit gegensätzlich und ergänzen sich komplementär, so dass es zu gegenseitigen Beeinflussungen kommt. Während das Bild konkret und eine Einzelerscheinung ist, ist der Ton im Sinne der Musik oder musikalischen Klängen in Ausdruck und Gehalt weniger definierbar. Es lässt sich feststellen, dass die Musik das Bild verallgemeinert und das Bild die Musik konkretisiert. Deshalb dominiert im Film in handlungsorientierten Szenen das Bild und in den lyrischen Teilen die Musik. Der Wechsel zwischen der Dominanz von Musik und Bild lässt sich auch als Übergang von „innen" nach „außen" bzw. „außen" nach „innen" beschreiben. Das bedeutet, dass es einen Wechsel der Konzentration vom Äußeren einer Person oder deren Handlung ins Innere, dem Seelenleben der Person, geben kann.[122] Diese Gegenüberstellung erinnert an die bereits von Lissa aufgestellte Theorie.

Der weiteren Betrachtung Schneiders über die Wirkung der Filmmusik fügt sich die Erklärung der kommunikations- bzw. zeichentheoretischen Begriffe „analog" und „digital" an. Im Sprechakt besteht die Kommunikation aus zwei Ebenen: dem digitalen Teil der Information, der sich aus den festgesetzten Worten ergibt, und dem analogen Anteil, der sich aus dem Stimmklang, Lautgestik usw. unabhängig vom Wort ergibt. Beide Aspekte ergänzen sich. Dieses Funktionspaar lässt sich nun

120 Vgl. Ebd. S. 67.

121 Vgl. Ebd.

122 Vgl. Ebd. S. 68 f.

mit den Paaren „Ohr und Auge“ wie auch „Musik und Bild“ in Beziehung setzen: Während das Auge klare, präzise Inhalte vermittelt und die Bilder im Film wie bei der digitalen Schrift Wort an Wort sukzessiv aneinanderreiht, vermittelt das Ohr ganzheitliche uneindeutige, stimmungsmäßige Inhalte. Diese müssen nicht zwingend sukzessiv aufgenommen werden. Sie entspricht der analogen Wahrnehmung, die Überlagerungen einkalkuliert. Übertragen auf den Film, wird nun unterschieden zwischen einem digital vermittelten Anteil an Informationen, der der Bildaussage und der Wortsprache des Filmdialogs entspricht, und einem analogen Anteil, der sich u.a. aus Geräuschen sowie Filmmusik und Farbstimmungen zusammensetzt.[123]

Die Filmmusik wird vorwiegend wie analoge Kommunikation eingesetzt. Dabei kann Filmmusik mehrere analoge Schichten ersetzen: fehlende Geräuschkulissen, fehlende Stimmungen im Dialog der Schauspieler oder ein fehlendes Raumgefühl. Sie kann ebenso reale Kommunikationssituationen nachahmen: Gerüche, Luftdruck, Luftfeuchtigkeit, Wärme, Spannungen – zusammengefasst also atmosphärische Konstanten, die von der Technik des Films nicht eingefangen werden können und für die es zur Musik noch keine alternative Realisierung gibt.[124]

Trotz der Wichtigkeit der Filmmusik wird diese im Gegensatz zur Bilddarstellung und Wortsprache im Film nicht bewusst, sondern nur unbewusst wahrgenommen. Die analogen Signale können nur wichtiger in ihrer Bedeutung werden, wenn der Inhalt des Gesprächs nicht wichtiger und aufmerksamkeitsfordernder ist. Sobald also Pausen beim Sprechen auftreten und das Gespräch sich nicht auf ein Thema konzentriert, vergrößert sich der Aufmerksamkeitsgrad für den analogen musikalischen Teil. Die unbewusste Wahrnehmung der Musik degradiert diese in ihrem Stellenwert keinesfalls. Sie lenkt trotzdem die Rezeption des Bildes durch den Zuschauer. Die dadurch freigesetzte suggestive Kraft kann den Zuschauer für emotionale Gehalte des Filmbildes sensibilisieren. So wird der Zuschauer für die analogen Informationen empfänglich, gleichermaßen aber auch unempfänglich für die digitalen rationalen Inhalte des Films. Hier stehen beide Aspekte in einem Konfliktverhältnis, bei dem der Zuschauer durch die analogen Informationen verführbar wird.[125]

Damit die Filmzuschauer die Musik und das Bild aufeinander beziehen können, muss vorausgesetzt sein, dass die Musik erkennbare

123 Vgl. Ebd. S. 69 f.

124 Vgl. Ebd. S. 70.

125 Vgl. Ebd. S. 71 f.

Analogien zum Bild aufweist. Die Musik kann entweder als selbständige, kommentierende Musik oder als mit Personen, Objekten und/oder Situationen verwobene Musik behandelt werden.[126]

7.2.1 Die Schöne und das Biest

In *Die Schöne und das Biest* kann das *affektive Gedächtnis* besonders gut nachvollzogen werden. Der Film wird mit einer märchenhaften Musik eingeleitet. Die Notenabfolge erinnert entsprechend der erzählten Geschichte an Märchen und Zauberei. Die Geschichte des herzlosen Prinzen und seine Verwandlung in ein Biest werden von einem Erzähler aus dem Off berichtet. Zunächst wird die charakteristische Tonfolge vom Klavier gespielt, unterlegt von einer Violine. Die Notenfolge besteht nur aus sieben Tönen, wobei der letzte Ton dreimal nachgehallt wird. Die komplette Abfolge wird dreimal wiederholt, wobei die erste Wiederholung um wenige Töne versetzt höher gespielt wird und die Noten der zweiten Wiederholung in ein anderes Ende führen (das Motiv wird variiert), so dass die zu erzählende Geschichte beginnen kann. Die Klarinette greift die Tonabfolge nur wenige Sekunden später wieder auf, als der Erzähler von der Zauberin berichtet. Es wird noch einmal von Violine und Flöte wiederholt. Abschließend mit Ende der Erzählung wird das Motiv von Klavier und Violine ausgeblendet. Parallel zur ausblendenden Musik wechselt auch das Szenenbild.

Dasselbe Motiv wird von Geigen und einer Harfe in einer späteren Szene verwendet. Belle betritt den verbotenen Westflügel im Schloss des Biestes. Dort hängt ein zerfetztes Porträt des Biestes als Mensch. In dem Moment, in dem Belle es sieht und sich ihm näher widmet, setzt das „Zaubermotiv" ein und wird sofort von einem anderen Motiv abgelöst als sie sich von dem Bild abwendet. Die Notenfolge wird nur zweimal gespielt, dafür aber umso eindringlicher in der Lautstärke und Tonhöhe. Die geheimnisvolle Atmosphäre, die mit der Musik seit Betreten Belles der Stufen zum Westflügel unterschwellig eingeführt wird, wird durch das kurze „Zaubermotiv" verstärkt.

Schließlich findet das „Zaubermotiv" seinen Einzug kurz vor Finale des Films wieder. Gaston und das Biest haben sich einen Kampf um Leben und Tod geliefert. Das Biest hält Gaston nun auf dem Dach des Schlosses mit einer Hand über den Abgrund. Als das Biest sich entschließt Gaston nicht zu töten, wird die Kamera nur auf seine Augen gelenkt. Die Änderung seiner Augen vom zornigen zum milden und mittleidigen Blick wird durch die einmalige musikalische Untermalung

126 Vgl. Ebd. S. 76 f.

des „Zaubermotives“ mit einer Violine und einem Celesta (Glockenspiel und Klaviatur) erzeugt. Diese kurze Einspielung weckt im Zuschauer die Erinnerung an den Zauber und löst die Assoziation, dass das Biest soeben eine charakterliche Veränderung vollzogen hat. Es ist nicht mehr der arrogante und lieblose Prinz, der er zu Beginn des Märchens war, sondern ein mitfühlendes und verständnisvolles Individuum.

Das Finale des Märchens stellt schließlich die tatsächliche Verwandlung des Biestes in seine menschliche Gestalt dar. Mit Beendigung der Verwandlung setzt das „Zaubermotiv“ erneut ein. Violine und orchestrale Bläser spielen das Motiv viermal hintereinander. Dabei liefern sich Posaune und Trompete einen Wettkampf in der Darstellung des Happy Ends. Das erste und dritte Abspielen wird von der Posaune angeleitet, das zweite und vierte hingegen von der Trompete. Anschließend wird es vom Celesta und der Violine weitergeführt, bis der Prinz sich ins Licht zu Belle dreht. Es folgt eine Unterbrechung des Spielens des Motives bis Belle ihrem Prinzen tief in die Augen sieht und sich das Motiv erneut mit Violinen und Trompeten zurückmeldet. Die Verwandlung des gesamten Schlosses einschließlich seiner Bewohner wird schließlich von Trompeten angeleitet, die das Motiv weiterführen. Erst mit Abschluss aller Verwandlungen wechselt das orchestrale Spiel hin zu einem weiteren Motiv.

Die Verwendung dieses „Zaubermotives“ entspricht der Wirkung der Musik hinsichtlich des *affektiven Gedächtnisses*. Der Zuschauer verbindet bei der Ertönung des Motives die Verwandlung des Prinzen in ein Biest. Die Einführung des Motives zu Beginn des Filmes bei seiner Verwandlung ermöglicht es Schlüsselstellen im Film musikalisch einzufärben. Die Entdeckung des Bildes im Westflügel deutet auf etwas Geheimnisvolles und Verzaubertes hin. Das Bild zeigt das menschliche Gesicht des Biestes, welches Belle am Ende des Filmes nach seiner Verwandlung wiedererkennt. Die Veränderung des Gesichtes des Biestes bei seinem Entschluss Gaston nicht zu töten und die musikalische Unterlegung dieser Veränderung mit dem „Zaubermotiv“ verdeutlicht die zentrale Verwandlung seines Charakters zu einem Wesen mit Herz und Gefühl. Besonders diese Szene ist zentral, da die wichtigste Verwandlung nicht die in einen Menschen, sondern eben die charakterliche Verwandlung zu einem gutherzigen Menschen ist. Es ist eine Schlüsselstelle. Hier wird besonders deutlich, dass die Verwendung und Veränderung dieses Motives mit der *Leitmotivtechnik* entscheidend ist. Das Motiv verdeutlicht die charakterliche Veränderung des Biestes und die dramatische Entwicklung. Auf die genaue Funktion und Verwendung der *Leitmotivtechnik* wird später ausführlicher eingegangen werden. Die Verwendung dieses Motivs mit der tatsächlichen Verwandlung ist nur logisch. Im Finale wird sie deshalb auch zu einem Crescendo ausgebaut. Die Musik wird lauter und durch die orchestrale Unterlegung prunkvoller. Das Happy End ist geschafft.

7.2.2 *Affektives Gedächtnis* über Filmgrenzen hinaus

Eine besondere Form des *affektiven Gedächtnisses,* hat Disney in *Schneewittchen* und *Cinderella* aufgebaut. *Schneewittchen und die sieben Zwerge* kam 1937 heraus. Erst elf Jahre später fing Disney an, *Cinderella* zu produzieren. Zu dieser Zeit war nicht klar, ob das Studio sich finanziell halten würde können. Der letzte große Erfolg wurde mit *Schneewittchen* gemacht. Bei der Produktion von *Cinderella* orientierte man sich deshalb an dem Konzept von *Schneewittchen.* Dies spiegelt sich ebenfalls in der Musik wieder. Die Motive für Schneewittchen und Cinderella sind sich sehr ähnlich. Auch wenn die Notation abweicht, so sind beide Motive grundsätzlich orchestral und im Klang märchenhaft angelegt. Die Motive der beiden Hauptfiguren verfolgen diese den jeweiligen Film durchgängig. Das Schneewittchenmotiv wird bereits in der Titelmusik eingeführt, später im Haus der Zwerge mit *Some day my Prince will come* von ihr selbst gesungen und schließlich im Nachspann durch einen Chor und Orchester abgeschlossen. Das Cinderellamotiv wird von der Hauptfigur selbst mit dem Lied *A dream is a wish your heart makes* zu Beginn des Filmes eingeführt. Es ertönt den gesamten Film hindurch in diversen Szenen und wird auch hier im Ausklang des Filmes von Orchester und Chor gesungen.

Ebenso faszinierend sind die Enden der Filme *Cinderella, Arielle* und auch von *Küss den Frosch* miteinander verknüpft. Alle drei Filme handeln von jungen Mädchen auf der Suche nach ihrem Prinzen und dem Glück. Die Mädchen heiraten jeweils zum Schluss ihren Prinzen und leben dann, wie es heißt, glücklich und zufrieden bis an ihr Lebensende. In *Cinderella* ertönen die Hochzeitsglocken, als Cinderella den Schuh anzieht und dieser passt. Die Hochzeit folgt im Schloss. Anschließend fährt sie mit ihrem Prinzen in einer Kutsche dem Horizont entgegen und wird dabei von Hochzeitsglocken, einem Chor und orchestraler Begleitung unterstützt. Bei *Arielle* ertönen die Hochzeitsglocken, als ihr Vater sie in einen Menschen verwandelt. Arielle und ihr Prinz heiraten daraufhin auf einem Schiff, mit dem sie ebenfalls in den Horizont fahren, begleitet von einem Chor mit orchestraler Begleitung. In *Küss den Frosch* ertönen ebenfalls zunächst Hochzeitsglocken bevor Tiana und Naveen die tatsächliche Ehe eingehen. Der Kuss nach dem Ja-Wort leitet schließlich Tianas und Naveens Rückverwandlung in Menschen ein. Die Hochzeit, die zunächst mit zwei Fröschen im Bayou begonnen hat, wird in eine Kirche mit den Familien Tianas und Naveens als Gäste verlagert. Die Hochzeit und das Glück sind traditionell perfekt, als das Ehepaar mit einer Kutsche vor der Kirche wegfährt. Einziger Unterschied in diesem Film ist der, dass es sozusagen ein zweites nachfolgendes Happy End gibt, bei dem Tiana ihren Traum vom eigenen Restaurant in die Tat umsetzt.

Die Kombination dieser drei Varianten der Anwendung des *affektiven Gedächtnisses* sind faszinierend. Natürlich kann diese Form der Anwendung der Musik nur greifen, wenn man die jeweiligen Filme auch gesehen hat. Da es sich aber in allen drei Fällen um Motive für Prinzessinnen handelt, kann man davon ausgehen, dass die Assoziation des Motives auch dann vom Zuschauer erkannt wird, wenn er einen der Filme nicht gesehen hat. In jedem Fall hat sich die Disney Company in der Bearbeitung der Filme an ihre Erfolgskonzepte erinnert und diese entsprechend umgesetzt, indem sie das Verhältnis von Filmbild und Musik perfekt aufeinander abgestimmt hat.

7.3 Hansjörg Pauli – eine eigene Form der Kategorisierung

Während sich Lissa und Schneider in ihren Ausführungen teilweise überlappen und sogar zu denselben Aussagen kommen, geht Pauli eine völlig andere Beschreibung der Beziehungen, die Filmmusik mit Filmbildern eingehen kann, ein. Er führt die Beziehungen auf drei Kategorien zurück: *Paraphrasierung*, *Polarisierung* und *Kontrapunktierung*. Als *paraphrasierend* bezeichnet er Musik deren Charakter sich direkt aus dem Charakter der Bilder ableiten lässt. Zu den *polarisierenden* Musiken zählen Filmmusiken, die mittels ihres eindeutigen Charakters inhaltlich neutrale oder ambivalente Bilder in eine eindeutige Ausdrucksrichtung schiebt. Die *kontrapunktierenden* Kompositionen fallen unter die Musik, deren eindeutiger Charakter dem eindeutigen Charakter der Bilder, deutlich widerspricht.[127]

Schon zu Beginn der Filmmusik wurde versucht, diese zu paraphrasieren. Die Musik sollte dabei den visuellen Handlungen die fehlenden akustischen Korrelate ersetzen, also Bewegungsabläufe nachbilden. Das fortschrittlichste Beispiel hierfür liefert das *Mickeymousing*. Auch die *Polarisierung* war in der Stummfilmzeit bekannt. Richtig an Bedeutung gewann es allerdings erst in der Zeit des Übergangs zum Tonfilm. Eine *polarisierende Funktion* kommt beispielsweise den Titelmusiken zu, die als Ouvertüren das Publikum auf das emotionelle Klima

127 Vgl. Pauli 1976: S. 104.

entweder der ersten Szene oder des gesamten Films einstimmen. Die *kontrapunktierende Funktion* hingegen ist die jüngste Kategorie in der Filmmusik. Sie impliziert eine kritische Haltung dem Film gegenüber, besonders aber gegenüber dessen kommerziellen Gebrauch.[128]

Die Funktion vieler *paraphrasierender* und *polarisierender* Musik dient vor allem dazu, dem Betrachter die Einfühlung in die Filmwelt und damit die Identifikation mit dem oder den Filmhelden zu erleichtern. Die *paraphrasierende* Musik erfüllt diese Funktion, indem sie die Eindringlichkeit einzelner Szenen verstärkt; die *polarisierende* Musik, indem sie benachbarte Szenen aneinanderbindet und damit Kontinuität vortäuscht. Die *kontrapunktierende* Musik hingegen stellt sich gegen jeglichen Illusionismus. Die Filmbilder behaupten etwas, die Töne behaupten das Gegenteil. Der Zuschauer fühlt sich in seiner Rezeption unwohl, da ihn entweder die Töne zu den Bildern stören oder die Bilder zu den Tönen. Anstatt sich einzufühlen, distanziert sich der Zuschauer vom Geschehen und wird gezwungen aktiv darüber nachzudenken, was das soll.[129]

Plastisch betrachtet kann die *polarisierende* Filmmusik gerade ausdrucksarme Bilder aufwerten. Eine Tür kann hoffnungsvoll erscheinen, eine Bergwand gefährlich, ein einfacher Wald kann durch den Einsatz der richtigen Töne in ein gefährliches Gebiet verwandelt werden. Die häufigste Form der Bild-Ton-Beziehungen ist das *Paraphrasieren.* Abgeleitet von „Paraphrase" heißt es „Umschreibung" und dient damit der einfachen Untermalung des Geschehens. Eine Liebesszene wird von Liebesmusik, eine Verfolgungsszene von Verfolgungsmusik unterlegt. Die künstlerisch hochwertigste Form ist das *Kontrapunktieren* bzw. *Kommentieren.* Wird einem lederbejackten, langmähnigem Mann eine aggressive Heavy Metal Music unterlegt, folgt der Zuschauer seinem klischeehaften Wissen und widmet der Figur keine weitere Aufmerksamkeit. Wird derselben Person jedoch Beethovens spätes Streichquartett in a-Moll op. 132 mit enigmatischen Tonfolgen unterlegt, fragt sich der Zuschauer welches Geheimnis diese Figur umgibt.[130]

Besonders die Möglichkeiten der *Paraphrasierung* sind nach Pauli sehr komplex. Sie kann sich jedem dargestellten Filmbildinhalt, sei es ein Mensch oder ein Gegenstand, zu einem bestimmten Zeitpunkt oder an einem bestimmten Ort, einzeln oder in verschiedenen Kombinationen zuwenden. Voraussetzung dafür ist eine hierarchische Ordnung der

128 Vgl. Ebd. S. 104 f.

129 Vgl. Ebd. S. 105.

130 Vgl. Schneider, Norbert Jürgen: Komponieren für Film und Fernsehen - Ein Handbuch. Mainz: Schott Musik International 1997. S. 24 f.

Bildinhalte. Pauli unterscheidet in vordergründige Inhalte (Handlung) und hintergründige Inhalte (Ort und Zeit der Handlung). Der Komponist kann sich entscheiden, ob er die vordergründigen oder die hintergründigen Inhalte *paraphrasieren* will, der Zuschauer wird allerdings eine *Paraphrasierung* der vordergründigen Inhalte erwarten.[131]

Auch wenn das Kategorisierungsmodell Paulis einige Lücken aufweist, sodass selbst der Erfinder des Modells dieses 1981 widerrufen hat, so muss doch berücksichtigt werden, dass das Modell hinsichtlich der Beziehung zwischen Einzelbild bzw. einer einzelnen Kameraeinstellung und Musik sehr griffig ist. Die Korrekturen des Modells beschränken sich auf einer Berufung auf das Verhältnis von Musik und Einzelbild, wonach außer Acht gelassen wird, dass ein Film aus mehr als nur einer Aneinanderreihung von Filmbildern besteht.[132] Das bedeutet nicht, dass es für eine Einzelbildanalyse ungeeignet ist.

7.3.1 *Paraphrasierung* in Disney-Filmen

Diese spezielle Kategorisierungsart hat Disney mit dem *Mickeymousing* zur Perfektion gebracht. Es finden sich endlos viele Beispiele in nahezu jedem Animationsfilm, den das Studio herausgebracht hat. Da auf das *Mickeymousing* im Kapitel über die *deskriptive Technik* noch detaillierter eingegangen wird, werden hier zwei Beispiele mit nicht so prägnantem *Mickeymousing* zur Erklärung der *Paraphrasierung* vorgestellt.

Schneewittchen ist der erste abendfüllende Disney-Film und auch der mit dem meist angewendeten *Mickeymousing* und der Musik, die durchweg alle Stimmungen, Atmosphären und Geschehnisse im Bild musikalisch wiederspiegelt. In der Beispielszene backt Schneewittchen gerade mit den Tieren aus dem Wald eine Stachelbeertorte für die Zwerge, als plötzlich die böse Stiefmutter, verzaubert als alte Frau, zum Fenster hereinsieht und Schneewittchen anspricht. Während Schneewittchen Kuchen backt, singt sie von der Sehnsucht nach ihrem geliebten Prinzen. Zu ihrem Gesang ertönt ein orchestraler Walzer, der von weichen harmonischen Violinen getragen wird. Als die Stiefmutter im Fenster auftaucht, sieht man zunächst nur ihren Schatten und das sich erschreckende Schneewittchen mit den Tieren. In diesem Moment wechselt der fröhliche Charakter der Musik. Besonders das dunkle Fagott lässt die alte Frau unheimlich und bedrohlich wirken. Die musikalische Untermalung wird, während die alte Frau Schneewittchen den vergifteten Apfel geben

131 Vgl. Pauli 1976: S. 105 f.

132 Vgl. Bullerjahn 2001: S. 37 f.

will, beibehalten. Der Zuschauer weiß bereits, dass der Apfel vergiftet ist und kann die bedrohliche Musik deshalb zuordnen. Der Charakter des Bildes wird in diesen Szenen noch einmal hervorgehoben. Die Bilder sprechen auch ohne die Musik und werden zudem von dieser verstärkt. Die erzeugte Atmosphäre während dieser Szene zeugt von Bedrohlichkeit. Der Zuschauer fiebert emotional mit, dass Schneewittchen den Apfel nicht essen möge.

In *Küss den Frosch* befinden sich Frosch Naveen und Frosch Tiana gerade im Flussgebiet des Bayou auf dem Weg zur Voodoo-Priesterin Mama Odie, als sie dem Cajun-Glühwürmchen Ray begegnen. Dieses will die beiden mithilfe seiner großen Glühwürmchenfamilie auf schnellstem Wege ans Ziel bringen. Der Weg wird musikalisch kurzweilig eingestimmt. Ray fordert seine Glühwürmchenfreunde zu einem „Bayou-Zydeco" auf. Daraufhin präsentiert sich eine Raupe als Akkordeon und ein Glühwürmchen nutzt seinen Bauch als Waschbrett, womit die zwei für einen Zydeco typisch-charakteristischen Instrumente eingeführt sind. Zwei weitere Glühwürmchen holen ihre Geige und ihr Banjo hervor. Sie stimmen den „Bayou-Zydeco" an und die Glühwürmchenfront macht sich mit den Fröschen auf den Weg. Das Lied hat von Beginn an einen volkstümlichen und volksfesthaften Charakter. Es erinnert an *Cotton-Eyed Joe,* das typischerweise zu Rodeoanlässen, die in Texas auch einem Volksfest gleichen, gespielt wird. Der ländliche Jazz lässt den Zuschauer Bilder von Festen der Farmer im Süden Amerikas nach verrichteter Arbeit assoziieren. Die Bilder zeigen ein solches Volksfest. Die Glühwürmchen bewegen sich tanzend vorwärts. Sie hüpfen und tanzen im Flug und bewegen sich die ganze Zeit wellenartig im Takt der Musik. Abgeschlossen wird das Fest mit einem großen Feuerwerk, dargestellt von den Glühwürmchen. Auch hier ergänzen sich die Charaktere von Bild und Musik gegenseitig. Die fröhliche Atmosphäre zieht den Zuschauer unbewusst in seinen Bann.

7.3.2 *Polarisierung* in Disney-Filmen

Während sich zahllose Beispiele der Anwendung der *Paraphrasierung* in Disney-Filmen wiederfinden lassen, ist die *Polarisierung* die Form, die tatsächlich sehr wenig bis gar nicht zum Tragen kommt. Die Bilder sind durch die Zeichnungen bereits so stark geprägt, dass sie kaum neutral wirken können. Zeichnungen von Tieren oder Menschen sind viel zu realitätsfern abgebildet. Ein fragender Gesichtsausdruck oder Wut wird zumeist übertrieben stark abgebildet, damit es vom Zuschauer als diese erkannt werden kann. Dies hat zur Folge, dass es kaum neutrale Bilder gibt, die mittels der Musik so aufgewertet werden müssten, dass sie verstanden werden. Hier kommt auch der zentrale Unterschied zwischen Realfilm und Animationsfilm zum Tragen. Einzig die Titelmusiken in einigen Disney-Filmen folgen dem Konzept der *Polarisierung*.

In *Schneewittchen* spielt die Titelmusik zur Einblendung des Vorspanns. Die Titelmusik setzt mit orchestralen Streichern, Bläsern und einer Harfe ein. Zudem singt kurzzeitig zu Beginn ein orchestraler Chor auf „a". Die Musik entspricht einem Walzer und wirkt dadurch höfisch und zugleich märchenhaft romantisch, so dass die Titelmusik den folgenden Film als romantisches Märchen positioniert. Diese Einordnung geschieht beim Zuschauer unbewusst, ohne weiteres Nachdenken. Ähnlich wie in *Schneewittchen* verhält es sich auch in *Cinderella*: Auch hier ertönt die Titelmusik zur Einblendung des Vorspanns. Eingeleitet wird die Musik mit einem choralen Gesang auf „a". Die orchestrale Instrumentation zeichnet sich durch dominante orchestrale Streicher aus. Die Musik ist ebenfalls sehr walzerähnlich und wirkt dadurch höfisch und märchenhaft romantisch. Die Positionierung des folgenden Films als romantisches Märchen ist wieder gegeben.

In *Die Schöne und das Biest* gibt es zwar keine Titelmusik, aber eine Eingangsmusik, die in den Film hineinführt. Die Musik mit dem „magischen Motiv" ist bereits im Zusammenhang mit dem *affektiven Gedächtnis* beschrieben worden. Die Eingangssequenz zeigt zunächst nur einen Wald, bis die Kamera schließlich zu einem Schloss führt. Im Hintergrund hört der Zuschauer dazu die magische Musik, die bereits auf ein geheimnisvolles und zauberhaftes zukünftiges Geschehen vorausweist. In dieser Einspielung wirkt die Musik tatsächlich polarisierend, da sie das neutrale Bild in eine eindeutige Ausdrucksrichtung schiebt.

7.3.3 *Kontrapunktierung* in Disney-Filmen

Auch die Nutzung der *Kontrapunktierung* der Musik zum Filmbild wird eher selten, dafür aber akzentuiert, in den Disney-Filmen genutzt. Dabei geht es nicht in erster Linie darum, den Zuschauer aus seiner Illusion zu reißen und ihn, wie es in der Bedeutung nach Pauli heißt, zu desillusionieren, sondern darum entweder eine andere fröhlichere Sicht auf bestimmte Dinge zu bekommen wie in *Bambi* oder wie in *Die Schöne und das Biest* eine Vorausdeutung auf zukünftiges Geschehen zu vermitteln. Besonders letzteres geschieht äußerst unbewusst und fällt beim Sehen des Filmes nicht stark ins Gewicht. Doch bei mehrmaliger Rezeption des Films erhält gerade diese Szene in *Die Schöne und das Biest* eine neue Bedeutungsebene.

In *Die Schöne und das Biest* kommentiert die Musik das Bildgeschehen. In einer bemerkenswert subtilen und für ein einmaliges Sehen des Films kaum bewusst wahrnehmbaren Form. Maurice (Belles Vater) ist gerade mit seinem Pferd Philippe und seiner neuen Erfindung im Gepäck auf dem Weg zum Jahrmarkt. Sie durchqueren einen Wald, in dem sie auf eine Lichtung mit Wegweisern stoßen. Ratlos stehen sie vor den Schildern; ein Weg führt nach rechts und einer nach links. Maurice will den rechten Weg nehmen, doch Philippe den linken. Die Kamera folgt dem Blick des Pferdes. Als dieses in den rechten Weg schaut, sieht der Zuschauer einen dunklen von Bodennebel bedeckten Pfad. Die Bäume an den Pfadrändern wirken, als würden sie sich über dem Pfad zusammenwölben; die trockenen Äste bilden eine Art Tunnel über dem es keinen Himmel gibt. Zudem scheint der Weg immer enger zu werden und auf eine Sackgasse hinzuführen. Der linke Weg zeigt ebenfalls einen schmalen Pfad, der jedoch offen und freundlicher wirkt. Die Bäume stehen nicht so beängstigend nah beieinander. Am Horizont ist eine Baumfront zu sehen, die von hellem goldenen Licht, wie das eines Sonnenaufgangs, durchflutet wird. Der Weg scheint sich zu öffnen und breiter zu werden. Trotz der eindeutigen Bilder verwirrt die Musik. Der helle freundliche Klang der Querflöte ertönt eben nicht zum linken, sondern zum düsteren rechten Pfad. Der helle Pfad hingegen wird von den tiefen Tönen eines Waldhorns kommentiert. Philippe, der die Musik nicht hören kann, will in den hellen Pfad einschlagen, doch Maurice wählt den anderen Weg. Die Musik scheint hier bereits in einer Art der Vorausschau zu sagen: Der dunkle Pfad wirkt abschreckend, aber er ist der Weg hin zum Glück. Dieser Kommentar ist wie bereits angedeutet schwer zu hören, jedoch bei mehrmaliger Rezeption des Filmes ganz und gar nicht zu vernachlässigen.

Das Lied *Little April Shower* in *Bambi* birgt dagegen eine wesentlich offenkundigere Kommentierung. Es ist April und ein Aprilregen kündigt sich an. *Little April Shower* ist in der Grundtonart C-Dur geschrieben.[133] Die Musik widerspricht schon an diesem Punkt in ihrem Charakter dem Filmbild. Sowohl die orchestralen Instrumente als auch der Gesang werden in höheren Tonlagen gespielt bzw. gesungen. Dur steht im Allgemeinen grundsätzlich für fröhliche und heitere Lieder. Die Geigen lösen sich in unterschiedlichen hohen Tonlagen ab und auch die Bläser steigen im Wechsel in immer höhere Lagen auf. Die Regentropfen werden musikalisch stilisiert. Die Instrumente konkurrieren fast mit dem Chor um die höchsten Töne. Das Bild hingegen ist ausgesprochen dunkel und düster.

---

133 Vgl. Churchill, Frank: *Little April Shower*, Klavierauszug. In: Walt Disney Music Company/Wonderland Music Company, Inc. 2007: S. 61 f.

Die Tiere fliehen sogar vor dem Regen. Rebhühner, Eichhörnchen, Hasen und Mäuse suchen einen Unterschlupf. Die Vogelmama legt sich schützend über ihre Jungen. Selbst als die Musik mit Aufkommen von Blitz und Donner ebenfalls düsterer wird, indem Blitz und Donner mit Becken betont werden und der Sturm durch den Chor erzeugt wird, ist die Musik immer noch freundlich im Grundton. Schließlich endet die Musik mit ihrem fröhlichen musikalischen Einstieg mit Beendigung des Regens und Unwetters. Besonders hier ist zu sehen, dass Disney das Aprilunwetter musikalisch nicht als etwas Schlechtes und Beängstigendes definiert. Auch wenn die Bilder düster zu sein scheinen, so klingt die Musik fast immer freundlich und hell. Der Kommentar der Musik könnte also bedeuten: Kinder, ihr braucht euch vor dem Unwetter nicht zu fürchten.

8 Funktionen der Filmmusik

Auf die Grundvoraussetzung der Beziehung von Filmbild und Musik schließt sich nun die konsequente Analyse der Funktion der Musik an. Keine Musik wird ohne Sinn in einer Szene verwendet. Dies sollte im letzten Kapitel bereits verdeutlicht worden sein.

Um die Musik größtmöglich im Film zu nutzen, bedarf es einer genau durchdachten Dramaturgie, die den strukturellen und emotionalen Fahrplan eines Films ausmacht. Die dramaturgische Gestaltung der Musik kann dabei ebenso großen Einfluss auf die Wirkung eines Films haben wie eine Änderung des Bildschnitts.[134] Um die Seele des Zuschauers dem Film gegenüber zu öffnen, muss die Funktion der Musik in einer Szene klar bestimmt sein. Dies kommt auch der Aufforderung Karlins entgegen, sich bei der Rezeption eines Films zu fragen, warum eine Melodie an einer bestimmten Stelle im Film verwendet wird.

8.1 Theodor W. Adorno/Hans Eisler

Adorno/Eisler haben ihre Theorie bzgl. der Funktionen der Filmmusik bereits Mitte der 1940er Jahre konstruiert. Sie gehen davon aus, dass die Musik innerhalb unserer hochindustriellen Kultur lediglich „[...] dazu beitragen [soll], den Zustand der Hörer und virtuell alle Beziehungen zwischen den Menschen als spontan, improvisatorisch, unmittelbar menschlich erscheinen zu lassen."[135] Die Autoren kritisieren den Gebrauch von Musik im Film als einen, der von der Profitwirtschaft der Massen geleitet wird und sich deshalb psychotechnisch zurückentwickelt. Von Realitätsnähe hinsichtlich der Musik im Film kann dabei nicht mehr gesprochen werden.[136] Die gesamten Ausführungen und Analyseansätze gehen von einer grundsätzlich der Musik im Film skeptisch gegenüberstehenden Betrachtung aus. Um eine gewisse Vollständigkeit zu gewährleisten und aufgrund der Bedeutung und dem Einfluss dieser beiden Autoren auf folgende Musikwissenschaftler, wird hier nur kurz der Standpunkt Adornos und Eislers skizziert.

Die Autoren weisen der Musik durchaus Funktionen im Film zu, allerdings ordnen sie diese nicht besonders positiv ein. Sie beschreiben

134 Vgl. Weidinger, Andreas: Filmmusik. In: Giesen, Rolf (Hrsg.): Praxis Film. Band 21. Konstanz: UVK Verlagsgesellschaft mbH 2006. S. 14.

135 Adorno, Theodor W. und Hans Eisler: Komposition für den Film. Frankfurt am Main: Suhrkamp Verlag 2006. S. 25.

136 Vgl. Ebd. S. 25 ff.

zunächst, dass Musik ein falsches Kollektivitätsgefühl erzeugen, in diesem Zusammenhang sogar zum Rauschmittel werden kann. So erzeugt Musik in ihren Augen eine falsche Aussage, wenn sie eine Menschenmenge bestehend aus Frauen, Kindern und Soldaten so darstellt, als würden alle diese Menschen eine positive Haltung dem Krieg gegenüber einnehmen, obwohl dies eigentlich nur die Soldaten und nicht deren begleitende Frauen betrifft. Das Ineinandergreifen von Film und Musik durchbricht hierbei den konventionellen Wirkungszusammenhang und lässt die Musik emotional höherwertig erscheinen als das Bild, obwohl das Bild im Vordergrund steht. Die dramaturgische Funktion der Musik kann eine „[...] sinnliche Suggestion eines Unsinnlichen, der Illegalität [sein]."[137] Dies geschieht, wenn die Musik etwas beschreibt, das unsichtbar bzw. unterdrückt und deshalb im Bild nicht dargestellt wird.[138]

Adorno/Eisler geben der Musik weitere Funktionen mithilfe des dramaturgischen Kontrapunktes. Anstatt dass sich die Musik an der Nachahmung des Bildvorgangs oder der Erschöpfung der Stimmung im Film aufhält, soll sie den Sinn einer Szene erklären, indem sie ihn in einen Gegensatz zur Bildhandlung stellt. So kann eine rasche und scharfe Musik gegenüber einem eher passiven und deprimierendem Bild gestellt werden. Dies erweckt eine Art Schock beim Zuschauer, der sich gegen das Bild stellt anstatt sentimental einfühlend zu reagieren. Dem entgegengesetzt kann die Musik zart und traurig, das Bild jedoch ein blutiges Duell darstellen. Die Musik distanziert sich von der Handlung.[139] Diese Ausführungen erinnern an die Kontrapunktierung Paulis, die durchaus zutreffen. Es klingt allerdings hier negativ besetzt. Weniger negativ skizziert, wird die Funktion der Musik Spannung durch Unterbrechung zu erzeugen. Die Möglichkeiten mit Musik Spannung zu erzielen werden schon seit Mitte des 18. Jahrhunderts ausgebildet. Für die Filmmusik ist es daher unabkömmlich sich auf spannungsfördernde Stereotype zu fixieren. Die Unterbrechung, mithilfe derer das genaue Gegenteil von Spannung erzeugt wird, ist dagegen weniger musikalisch besetzt worden. So wird in der Literatur durch eine Unterbrechung ein retardierendes Moment erzeugt. Dieses Verfahren wird im Film übernommen.[140]

Nach dem Lesen der folgenden Funktionsdarstellungen der Musik im Film, wird deutlich zu erkennen sein, dass die Musikwissenschaftler nach Adorno und Eisler sich durchaus in ihren Überlegungen von diesen

137 Vgl. Ebd. S. 29.

138 Vgl. Ebd. S. 28 ff.

139 Vgl. Ebd. S. 30 ff.

140 Vgl. Ebd. S. 32 ff.

haben inspirieren und leiten lassen. Allerdings sehen die folgenden Autoren die Musik im Film nicht derart negativ und fehlbesetzt, was auch die weiteren Ausführungen wiederspiegeln. Grundsätzlich dürfen Adorno und Eisler trotzdem in der Erwähnung nicht fehlen, da sie sozusagen einen Grundstein für die filmwissenschaftliche Musikanalysen gelegt haben.

8.2 Zofia Lissa: Synchronität von Musik und Bild

Lissa beginnt ihre Untersuchung zur Funktion der Filmmusik mit einer Unterscheidung der Funktion von Filmmusik im Stummfilm versus Tonfilm. Dabei stellt sie zunächst fest, dass der Stummfilm im Sinne des „still sein" nie wirklich stumm war, da die Musik und der Untertitel als das gesprochene Wort den Begriff in seiner Bedeutung unterlaufen. Sie stellt daraufhin sechs Funktionen der Filmmusik im Stummfilm fest:[141]

1) Die Zuschauer sollen von der Wirklichkeit abgegrenzt werden, indem die Straßengeräusche und das Gerede im Saal übertönt werden.
2) Die Aufmerksamkeit des Zuschauers soll auf die dargestellte fixierte Welt konzentriert werden.
3) Die Musik soll den überanstrengten Gesichtssinn des Zuschauers entlasten und visuelle Eindrücke um auditive ergänzen.
4) Die Musik soll den Darstellern im Film einen realeren Charakter geben, indem die Stille durchbrochen wird.
5) Die Musik soll reale Geräusche, die dem Bild angehören, „ersetzen" und im Rahmen ihrer Illustrationsmöglichkeiten, stilisieren.
6) Vor allem ist es die Aufgabe der Musik auf Emotionen des Zuschauers einzuwirken und eine Verbindung zwischen der auf der Leinwand dargestellten Welt und den vermuteten Gefühlen der Filmhelden und Gefühlen des Zuschauers herzustellen. Die Musik soll das Einfühlungsvermögen des Zuschauers in die dargestellten emotionalen Zustände intensivieren.

In die Analyse des Tonfilms hingegen können die Maßstäbe des Stummfilms nicht übernommen werden. Das Verhältnis von Bild und Ton hat sich grundlegend geändert. Zu diesen Veränderungen zählen:[142]

---

141 Vgl. Lissa 1965: S. 99 f.

142 Vgl. Ebd. S. 102.

1) eine neue auditive Schicht, die alle Hörerscheinungen erfasst und ihre realistische Zufügung zum Ablauf der Bilder ermöglicht,
2) eine auditive Schicht, die nur zu einem bestimmten Film gehört und nicht übertragbar ist, wie es in den Stummfilmen oft mit den Repertoiremusiken gehandhabt wird,
3) eine neue technische Kopplung, die Aufzeichnung des Tons auf das gleiche Band wie die des Bildes zulässt und damit eine Synchronisierung der auditiven Schicht mit den visuellen Abläufen.

Bei ihren Überlegungen zu den Funktionen der Filmmusik im Tonfilm betrachtet Lissa die „[..] Weiterentwicklung des gegenseitigen Verhältnisses beider Schichten im Tonfilm [...]"[143] und sieht den Verlauf als eine Entwicklung von „[...] der völligen Abhängigkeit der Musik vom Visuellen zu deren immer selbstständigeren Einwirkung [...]"[144]. Besondere Entwicklungen sieht sie hinsichtlich der „[...] naiv den Ausdruck des Bildes nachahmenden Musik zu einer Musik, die selbständig nichtgezeigte Elemente des ganzen repräsentieren kann [...]"[145]. Zudem glaubt sie, eine Veränderung von „[..] der *Synchronität* und *Illustration* zum dramaturgischen *Kontrapunkt* der Musik [...]"[146] wahrzunehmen, sowie „[...] eine stilistische Entwicklung vom banalen Klischee zu einer individuellen, entdeckerischen und mit immer moderneren Mitteln arbeitenden Musik zusammen [...]"[147]. Besonders letztere Betrachtung zeugt von einer Veränderung der Rolle der „ausschließlichen Begleitung" zu einer Rolle des „aktiven Zusammenwirkens". Mit einhergehend ist dabei eine Dynamisierung der Beziehung und Entfernung vom Statischen. Diese Dynamisierung hat zugleich zu einer gewissen Unabhängigkeit der visuellen und der auditiven Schicht geführt, so dass eine Art Mehrschichtigkeit entstanden ist. Dabei kann ein Faktor als Hintergrund fungieren, während der andere die Handlung führt, oder beide können gleichzeitig zwei verschiedene Elemente der Handlung repräsentieren und damit stark zur Dynamisierung beitragen. So kann eine bewegte dramatische Musik einem statischen Bild einen neuen Unterton hinzufügen. Beide Faktoren können ebenso gegensätzlich wirken, wie sich ergänzen.[148]

143 Vgl. Ebd. S. 103.
144 Vgl. Ebd.
145 Vgl. Ebd.
146 Vgl. Ebd.
147 Vgl. Ebd.
148 Vgl. Ebd. S. 103 f.

Eine fortschreitende technische Vervollkommnung des Tonfilms stellte die auditive Sphäre vor zwei Entwicklungsmöglichkeiten: Zum einen sollte sie visuelle Inhalte unterstreichen und zum anderen neue Inhalte in den Film hineintragen. In den ersten Jahren wurden beide Formen stark ausgebaut. Parallel dazu wuchs eine Begeisterung für die musikalische Illustration auch unbedeutender visueller Erscheinungen. So stilisierte die Musik das Fließen des Wassers, das Gluckern des Biers oder das Aufziehen der Uhr. Der Synchronismus wurde besonders durch naturalistische Illustrationen fortgeführt. Beispiele hierfür stellen Geräuscheffekte wie das Einschnappen eines Türschlosses oder der Hall menschlicher Schritte dar. Der Synchronismus wirkt dabei weder natürlicher noch realistischer als andere Methoden. Er stellt lediglich die Technik der Selektion von Geräuscherscheinungen beziehungsweise in der Musik der Stilisierung dar. Im realen Alltag „[...] informieren uns die auditiven Erscheinungen über einen breiteren Umweltbereich als die visuellen [...]"[149]. Diese Vielfalt auditiver Erscheinungen lässt sich im Film nicht wiedergeben. Der Synchronismus kann den Ausschnitt der visuellen Welt, den die Leinwand zeigt, durch die auditiven Erscheinungen ergänzen.[150]

Besonders in den Disney-Filmen ist der Synchronismus von zentraler Bedeutung und wurde bisher oft bis zur perfekten Anwendung gebracht. Eine absolute Unabhängigkeit der Musik vom Filmbild ist daher auch in den zu analysierenden Filmen kaum zu finden. Die musikalische Vertonung der Disney-Filme orientiert sich doch eher an Vertonungsverfahren der Stummfilmzeit

8.2.1 Bambi

Gerade auf *Bambi* lassen sich die Funktionen des Stummfilms noch gut anwenden. Zumindest die von Lissa benannten Punkte drei bis sechs treffen auf den Film zu, da in ihm nur rund 1000 Wörter benutzt werden. Damit kommt der Filmmusik eine erhöhte Funktion zu, die teilweise wie in einem Stummfilm zu wirken scheint.

Die Tiere in *Bambi* sind sehr real in ihrem Aussehen, zugleich aber auch sehr menschlich in ihren Handlungen. Um die Identifikation mit den Tieren größtmöglich auszunutzen, lässt sich die Musik als Identifikationstransporteur sehr gut einspannen. Sie konstruiert eine für den Menschen real und nachvollziehbare Situation, so dass der Zuschauer sich der emotionalen Einfühlung kaum entziehen kann. Die junge Liebe,

149 Ebd. S. 104.

150 Vgl. Ebd. S. 104 f.

die zwischen Bambi und Feline ausbricht, als sie sich erstmals im Frühling als junge ausgewachsene Tiere begegnen, ist ein gelungenes Beispiel der Anwendung der Musik in dieser Funktion. Feline gibt Bambi einen Kuss auf die Wange. In diesem Moment setzt eine Querflöte ein und kurz darauf die Violine. Schließlich wird noch eine Harfe eingespielt, als Bambi in den Himmel aufsteigt. Im Himmel sieht Bambi Feline und es erklingen orchestrale Violinen, die walzerähnliche Noten spielen. Bambi folgt Feline in großen Sprüngen, als würde er fliegen. Die Töne während der gesamten Szene sind, entsprechend der Assoziation sich im siebten Himmel zu befinden, in hohen Lagen gespielt. Die weichen und gleitenden Klänge, zusammen mit dem zarten Spiel der Harfe, lassen die Gefühle Bambis auf den Zuschauer überspringen. Der Zuschauer kann sich mit dem Gefühl identifizieren und baut eine Verbindung zum Bild auf.

Bei *Bambi* lassen sich zudem noch die Anfänge der Musik und des Bildes in der Anwendung auf einer Tonspur nachvollziehen. Besonders die anfängliche musikalische Illustration unbedeutender visueller Erscheinungen fällt in diesem Film auf. Schon das bereits verwendete Beispiel von *Little April Shower* zeigt dies deutlich. Die Regentropfen werden zunächst nur instrumental durch einzelne Töne des Fagott und der Triangel und dann durch den Gesang auf den Text „drip, drap, drop" stilisiert. Blitz und Donner werden später mit Becken erzeugt. Das Vogeljunge und die Maus werden im Verlauf des Liedes jeweils von einem Regentropfen getroffen. Auch dieser eine Tropfen wird durch das Erklingen eines Tones durch die Triangel stilisiert. Die Synchronisation von Bild und Musik ist perfekt abgestimmt und beweist ihre anfängliche Entwicklung.

8.2.2 Musikalische Weiterentwicklung in den Animationsfilmen

Eine wirkliche Entwicklung hin zu einer absoluten Unabhängigkeit der Musik, ist in den hier analysierten Disney-Animationsfilmen nicht zu erkennen. Die Disney-Animationsfilme zeichnen sich eben genau durch diese feine Abstimmung von Musik und Bild aus. Lediglich eine Unabhängigkeit zu einem gewissen Grad ist erkennbar.

Auch der zuletzt erschienene Film *Küss den Frosch* folgt dem klassischen Konzept der Stilisierung einfachster Bilder und Gefühle. Eine Szene zu Beginn des Films zeigt dies charmant und lustig. Tiana, die Protagonistin, steht als kleines Mädchen nachts an ihrem Fenster. Plötzlich sitzt ein Frosch auf ihrem Fensterbrett. Als dieser quakt, stößt Tiana erschrocken einen Schrei aus, dreht sich um und läuft aus ihrem Zimmer. Ihr Hinauslaufen wird von abwärtstonierenden Streichern begleitet.

Die Töne klingen lustig belächelnd und schadenfroh. Der Eindruck der Parodie durch die Musik lässt den Zuschauer über Tianas Angst vor dem Frosch schmunzeln. Damit ist die Musik einerseits stilisierend, indem sie das plötzliche Weglaufen Tianas darstellt, transportiert jedoch gleichzeitig einen neuen Inhalt – den der Belustigung über ihre Angst.

8.3 Georg Maas: Das Vier-Ebenen-Modell

Maas stellt nach Lissa einen neueren Versuch der Systematisierung der Funktionen von Filmmusik auf. Als Grundvoraussetzung für die Funktionen von Filmmusik legt Maas fest, dass sich „erst im konkreten Einzelfall einer bestimmten Szene, einer Filmkonzeption oder einer Vermarktungsstrategie [...] überzeugend spezifische Funktionen der Filmmusik herausarbeiten [lassen]."[151] Sein strukturalistisches Modell siedelt die Funktionen auf unterschiedlichen Ebenen an.[152] Er unterscheidet zwischen der *tektonischen* (Ebene 1), der *syntaktischen* (Ebene 2), *semantische* (Ebene 3) und der *mediatisierenden* (Ebene 4) *Funktion,* wobei die *semantische Funktion* in die *konnotative, denotative* und *reflexive Funktion* untergliedert wird.

Die *tektonische Funktion* dient als äußere Gestaltungshilfe des Films. Hierunter fallen Titel-, Nachspannmusiken und im Film auftretende, von der Handlung abweichende, eigenständige Musikstücke. Der *syntaktischen Funktion* werden Musikstücke zugeordnet, die Element der Erzählstruktur sind und zum Film in formalem Bezug stehen. Darunter fallen dramatische Akzentsetzungen und das Verklammern zeitlich geraffter Vorgänge oder Szenenfolgen, sowie auch die Trennung von Real- und Traumhandlungen. Bei der *semantischen Funktion* tritt die Musik als Teil der inhaltlichen Gestaltung auf. Die *konnotative Form* erfüllt die Funktion der Untermalung von Stimmung, mithilfe der Mood-Technik, der Bewegungsverdopplung mithilfe des *Mickeymousing* und physiologische Stimulationen. Die *denotative Form* bezeichnet Funktionen, die durch historisch-geographische und gesellschaftliche Deskription und den Verweis auf Unsichtbares (die Darstellung von Gedanken und Motivationen mithilfe der Musik) geleistet wird. Darunter fällt auch der Gebrauch des Leitmotivs. Die *reflexive Form* wird durch Musik dargestellt, die selbst

151 Maas, Georg: Filmmusik. In: Bruhn, Herbert, Rolf Oerter und Helmut Rösing (Hrsg.): Musikpsychologie – Ein Handbuch. Reinbek bei Hamburg: Rowolth Taschenbuch Verlag GmbH 1993. S. 204.

152 Vgl. Maas, Georg und Achim Schudack: Musik und Film – Filmmusik. Informationen und Modelle für die Unterrichtspraxis. Mainz: B. Schott's Söhne 1994. S. 35 ff.

Handlungsgegenstand ist. Darunter fällt zum Beispiel ein Film über Komponisten oder Instrumentalisten. Die *mediatisierende Funktion* stellt die Vermittlung zwischen den soziokulturellen Erfahrungen des Publikums und des Films dar. Die entsprechende Musik hierfür muss zielgruppen- und genrespezifisch sein.

8.3.1 Funktionen nach Maas im König der Löwen

Im *König der Löwen* lassen sich einige der nach Maas aufgestellten Funktionen wiederfinden. Die auffälligste Funktion, die eines der Lieder erfüllt, ist die der *tektonischen*. Die Titelmusik *Circle of Life* leitet zugleich auch die Nachspannmusik ein. Das Stück weicht zwar nicht von der Handlung ab, wird aber dennoch als eigenständiges Musikstück in der Realität gespielt. Es gibt dem Film die äußere Gestaltung, indem es den Inhalt umrahmt. Da *Circle of Life* keine Dramaturgie erzeugt oder untermalt, kann es auch nicht der *syntaktischen Funktion* zugeordnet werden. Zu Beginn des Films leitet das Stück in den afrikanischen Kontext und das Grundthema, den Kreis des Lebens, ein. Auch den Nachspann eröffnet es mit diesen beiden Funktionen. Er wird zunächst von afrikanischen Klängen übernommen und dann durch die Originalversion von *Can you feel the love tonight*, gesungen von Elton John, abgelöst. Somit übernimmt es ebenfalls eine *tektonische Funktion*. Das Stück rundet die Liebesgeschichte von Simba und Nala ab. Die Bilder allein würden der emotionalen Einfühlung in die Region nicht gerecht werden.

Innerhalb der *syntaktischen Funktion* gibt es diverse musikalische Höhepunkte im *König der Löwen*. Ein Szenenhöhepunkt stellt die Sequenz, in der Mufasa stirbt, dar. Mufasa rettet Simba, der von einer Herde Gnus fast zu Tode getrampelt wird, aus der Schlucht. Die Beispielszene setzt in dem Moment ein, in dem Mufasa Simba gerade auf einem erhöhten Felsen abgesetzt hat und von den Gnus wieder herunter gezogen wird. Die Musik ist zu diesem Zeitpunkt bereits hoch dramatisch eingestimmt. Jetzt setzen allerdings hektische Streicher, die im Rhythmus der suchenden Augen Simbas spielen, und Becken ein. Die Dramaturgie wird zugespitzt, indem die Notation immer höher getrieben wird. Als Mufasa schließlich aus der Herde an einen Felsen springt, erklingt kurz ein Chor, der sich die Erlösung zu definieren scheint. Er setzt wieder aus und die hektischen Streicher fahren fort. Die Musik wird langsamer und leiser, als Mufasa Scar, der oben am Felsen auf ihn wartet, um Hilfe bittet. Sie setzt schließlich für einen kurzen Moment aus, als Scar Mufasa hinab wirft. Die Musik ertönt mit Posaunen erneut, als Mufasa zu fallen beginnt. Der Fall Mufasas wird von einem choralen Endzeitgesang begleitet. Die Musik ist innerhalb dieser kurzen Szenen sehr komplex und vielschichtig dramaturgisch angelegt, weshalb die Gefühle des Zuschauers sich auch förmlich zu überschlagen scheinen.

Auch die Funktion zeitlich geraffte Vorgänge zu betonen, lässt sich im *König der Löwen* finden. Simba ist nach seiner Flucht bei Timon und Pumba in einer Oase mitten in der Wüste gestrandet. Die beiden lehren Simba die Lebensphilosphie „Hakuna Matata", was so viel bedeutet wie „Es gibt keine Sorgen!". Zunächst singen Timon und Pumba das Lied *Hakuna Matata* allein. Dabei zeigen sie Simba das Leben in der Oase. Die Bilder zeigen ein von Leichtigkeit und Sorglosigkeit getragenes Leben. Schließlich stimmt Simba mit ein. Während ihres Gesangs, laufen Timon, Pumba und Simba über einen Baumstamm, der als Brücke dient. Begleitet von der Melodie *Hakuna Matata* und einem Chor überqueren sie den Stamm und Simba wächst zu einem ausgewachsenen Löwen heran. Er vollzieht drei Entwicklungsstufen: Als kleiner Löwe läuft er vor einem grünen Waldhintergrund, dann als Jugendlicher vor einem Wasserfall und schließlich wird er im Dunkel der Nacht mit einem Vollmond im Hintergrund erwachsen. Angekommen auf der anderen Seite stimmt Simba wieder gesanglich in *Hakuna Matata* ein. Die gesamte Entwicklung dauert im Film nur zehn Sekunden. Tatsächlich hat hier also eine Zeitraffung von circa zwei Jahren des Lebens auf zehn Sekunden Darstellung im Film erfolgt. Die Musik hat hierbei die syntaktische Funktion der Unterstützung der Erzählstruktur erfüllt.

Ebenfalls umgesetzt worden ist das Element der *mediatisierenden Funktion*. Zur besseren Verdeutlichung der Zielgruppensicherheit Disneys wird das Beispiel *I Just Can't Wait To Be King* vorgestellt. Simba singt diesen Song als junger Löwe. Simba, Nala und Zazu befinden sich gerade auf dem Weg zum Wasserloch, als Zazu die beiden Löwenjungen auf ihre Bestimmung als zukünftiges Liebespaar anspricht. Simba und Nala tun seine Anspielung verächtlich ab. Dabei stimmen die Holzflöten bereits in *I Just Can't Wait To Be King* ein. Die Melodie ist von Leichtigkeit und Lockerheit getragen und ist zudem für Kinder problemlos einprägsam. Viele Kinderlieder bestehen aus kurzen Strophen, die von einem leicht einprägsamen Refrain getrennt werden. Der Refrain in diesem Song besteht aus dem einfachen Text „Oh, I just can't wait to be king", der immer auf derselben Tonfolge gesungen wird:[153]

153 Vgl. John, Elton: *Oh, I just can't wait to be king*, Klavier- und Chorauszug. In: *The Lion King* (Medley from Walt Disney Pictures). Lyrics: Tim Rice, Music: Elton John, Arrangement: Mark Brymer. Sheet Music: 2-Part Choir, Piano Accompaniment (2PTCHOIR/PFA). USA: Hal Leonard Corporation/Walt Disney Music Company 1994. S. 10 ff.

Auch in den Strophen ändert sich die Melodie wenig bis gar nicht. Zudem beschränken sich die Töne auf eine einzige Oktave. Diese ist für Kinder sehr leicht nachsingbar, da sie keine besonders hohen oder tiefen Töne umfasst. Die „eingestrichene Oktave“ erstreckt sich im Violinschlüssel von c' bis h'. Instrumental wird das Stück durch Flöten eingeführt und schließlich von einem markanten E-Bass mit Grundtakt unterlegt. Später ergänzen Panflöten und ein Chor den Sound. Der Refrain wird vom Chor mitgesungen. Die Grundstimmung der Musik ist fröhlich, heiter und unbesorgt wie für Kinderlieder typisch.

8.3.2 Semantische Funktionen nach Maas in Küss den Frosch

Die *semantischen Funktionen* nach Maas werden im Folgenden an *Küss den Frosch* dargestellt. Die *konnotative Funktion* hinsichtlich der Stimmungsuntermalung und der Bewegungsverdopplung findet sich in allen der acht aufgeführten Animationsfilme wieder. Zur Erklärung werden an dieser Stelle Szenen aus *Küss den Frosch* skizziert.

Frosch Naveen steht bei Nacht auf einem Kleeblatt im Bayou. Plötzlich kommen die Schatten aus der Schattenwelt, um ihn zu Dr. Facilier zu entführen. Vor dem unvorbereiteten direkten Zugriff der Schatten auf Naveen hört man einen geheimnisvollen instrumentalen Windhauch, der die Gefahr ankündigt. Mit dem Zugriff setzen hektische laute Streicher und Posaunen ein. Beide Instrumentengruppen bringen musikalische Gefahr, Hektik und Panik in das Bild ein. Die Stimmung, die das Bild zeigt, wird somit von der Musik verstärkt. Auf den Effekt der Bewegungsverdopplung ist bereits eingegangen worden. Ausführlichere Darstellungen folgen noch.

Zur Verwendung von *Leitmotiven* zur Unterstützung der *denotativen Funktion* erfolgen ebenfalls noch detaillierte Darstellungen. Die interessantere Analyse innerhalb der *denotativen Funktion* ist die der Vermittlung der historisch-geographischer Hintergründe und der gesellschaftlichen Deskription. Wie bereits beschrieben findet die Handlung in *Küss den Frosch* ihren Platz im New Orleans der 1920er Jahre statt. Besonders die Musik spiegelt die Jazz-Ära der 1920er Jahre im französischen Viertel New Orleans wieder. Noch innerhalb der Einführung des Films, erklingt das Lied *Down in New Orleans.* Die Musik ist im typischen „Dixieland Jazz" gehalten. Somit platziert die Musik allein schon den Film ins New Orleans zu Beginn des 20. Jahrhunderts. Dies spiegelt sich auch in den Noten wieder:[154]

Im Film werden die Töne von Posaunen und nicht vom Klavier getragen. Nicht nur die Noten, sondern auch die Instrumente sind prägnant für den Stil. Für die Darstellung der Noten genügt der Klavierauszug dennoch.

Auch in anderen Disney-Animationsfilmen lassen sich vielfach historisch-geografische und gesellschaftliche Deskriptionen mittels der Musik finden. Unter anderem ist dies in *Cinderella* der Fall. Cinderella befindet sich in ihrer Kutsche auf dem Weg zum Ball im Schloss. Als das Schloss eingeblendet wird, ertönen Trompeten, die den Hof ankündigen. Zudem setzen Streicher ein, die die Zeremonie der Suche nach einer heiratsfähigen Frau für den Prinzen untermalt. Die Musik erinnert eindeutig an typisch höfische Musik aus der Mitte des 18. Jahrhunderts. Als

154 Newman, Randy: *Down in New Orleans*, Klavierauszug. In: *The Princess and the Frog* (Choral Medley from Walt Disney Pictures). Lyrics: Randy Newman, Music: Randy Newman, Arrangement: Mac Huff. Sheet Music: SATB, Piano Accompaniment (SATB/PFA). USA: Hal Leonard Corporation/Walt Disney Music Company 2010: S. 3.

Cinderella im Schloss auftritt, fordert sie der Prinz zum Tanz auf und es wird ein langsamer Walzer gespielt, der ebenfalls typisch für die damalige Zeit war.

Die *reflexive Anwendung* von Musik erfolgt mindestens genauso oft in den Animationsfilmen, wenn nicht sogar öfter als die *denotative*. Sie findet ihre Verwendung allein achtmal in *Küss den Frosch*. Eine Szene ist die der bereits beschriebenen Glühwürmchen mit dem Bayou-Zydeco. Zu Beginn des Songs werden die Instrumente von den Glühwürmchen herbeigeholt. Ein weiteres Beispiel wird durch Prinz Naveen selbst zu Beginn des Films gegeben, als er mit einer Straßenjazzkombo mitten in den Straßen von New Orleans auftritt. Er selbst spielt auf seiner Ukulele. Die Musik tritt in den direkten Vordergrund der Handlung und wird so *reflexiv* dargestellt.

8.4 Claudia Bullerjahn: Das Zwei-Ebenen-Modell

Bullerjahn kommt in ihren Überlegungen und Vergleichen bis dahin aufgestellter Funktionssystematiken von Filmmusik zu einer eigenständigen Darstellung der Kategorisierungsebene.[155] In ihrer Theorie unterscheidet sie grundsätzlich zwischen *Metafunktionen* und *Funktionen im engeren Sinne*. Die *Metafunktionen* werden nochmals in *rezeptionspsychologische Metafunktionen* und *ökonomische Metafunktionen* aufgesplittet. Die *Funktionen im engeren Sinne* unterteilen sich nochmals in *dramaturgische, epische, strukturelle* und *persuasive Funktionen*.

Die Filmmusik erfüllt ihre *Metafunktion* nie in Bezug auf einen speziellen Film, sondern auf die spezielle Form der Rezeption von Filmen. Dabei sind Metafunktionen zeit-, kultur- und gesellschaftsgebunden. Die *rezeptions-psychologische Metafunktion* ist besonders für die Stummfilmzeit von zentraler Bedeutung. Dabei kam der Neutralisierung von akustischen Störfaktoren, wie Projektoren, Straßengeräuschen, Unruhe im Publikum durch Husten, Knistern von Popcorntüten und andere Geräusche, eine zentrale Aufgabe zu. Zudem kam der *Metafunktion* die tragende Rolle der Milderung des Widerspruchs wirklichkeitsnaher Bilder zu wirklichkeitsferner todesähnlicher Stille zu. Die beklemmende Atmosphäre in einem dunklen und stillen Raum neben fremden Menschen zu sitzen, sollte mithilfe der Musik aufgehoben werden. Die *ökonomische Metafunktion* bestand darin, eine gewisse Kultiviertheit zu gewinnen und

155 Vgl. Bullerjahn, Claudia: Grundlagen der Wirkung von Filmmusik. Forum Musikpädagogik Band 43, Reihe Wißner-Lehrbuch Band 5. Augsburg: Wißner-Verlag 2001. S. 64-74.

das bürgerliche Publikum anzusprechen, indem Ausschnitte von Opern oder sinfonischen Dichtungen für den Film verwendet wurden. Ende der 60er Jahre wurde versucht mit Integration der Rock- und Popmusik das jugendliche Publikum zu gewinnen. Im Kontext dieser Funktion entwickelte sich schon sehr früh die Tradition des *Titel-* bzw. *Themensongs*. Dieser wird noch vor Erscheinen des Films durch Medienkonzerne herausgebracht und wirbt so für den Film. Die aktuellen *ökonomischen Metafunktionen* sind noch viel komplexer und konzentrieren sich auf eine umfangreiche Vermarktung von Popikonen oder deren musikalische Produktionen.[156] Ein populäres Beispiel hierfür bieten die Filme *Keinohrhasen* und dessen Fortsetzung *Zweiohrküken*. Der erste Film erhielt den Titelsong *Apologize* von Timbaland feat. OneRepublic und war wie auch der Titelsong *Secrets* von OneRepublic zur Fortsetzung sehr erfolgreich in den aktuellen Charts. Beide Titelsongs wurden zudem in die Werbefilme der Kinofilme hinterlegt. Die Vermarktung der Songs und auch der Filme hat sich gegenseitig erfolgreich angekurbelt und auch die Musikband OneRepublic hat an Bekanntheit gewonnen. Die Details dieser Verfahren und der Wechselwirkungen zwischen der Werbung für den Film und für die Musik sind für die weitere Bearbeitung des Themas der Arbeit nicht relevant, wenn auch in der Analyse ohne Zweifel sehr interessant.

Der grundsätzliche Unterschied zwischen den *Metafunktionen* und der *Funktionen im engeren Sinne* (*Funktionen i.e.S.*) besteht darin, dass letztere sich immer auf einen konkreten Film beziehen.[157] Die *Funktionen i.e.S* unterteilt Bullerjahn noch einmal in vier Unterkategorien: die *dramaturgische Funktion*, die *epische Funktion*, die *strukturelle* und die *persuasive Funktion*.

Die ersten beiden Funktionen beziehen sich vor allem auf den Film als Mischgebilde aus den Gattungen des Theaters und der Epik. Die *dramaturgische Funktion* bezeichnet hierbei alle Aufgaben der Filmmusik, für die die Filmmusik eine unmittelbar gegenwärtige dramatische Handlung übernimmt. Eine entscheidende Aufgabe kommt dabei der Abbildung der Stimmung bzw. der Verstärkung des Ausdrucks der wechselnden Szenen zu.[158] Die Musik kann zudem das Fundament für den dramaturgischen Aufbau einer Szene bilden. Filmmusik nimmt nach Schneider eine besonders tragende Rolle „[...] als ganzheitlicher Ersatz [...] für atmosphärische Faktoren [die sonst nicht vermittelbar sind]:

---

156 Wehmeier, Rolf: Handbuch Musik im Fernsehen. Praxis und Praktiken bei deutschsprachigen Sendern. Regensburg: ConBrio 1995. S. 135 f.

157 Vgl. Bullerjahn 2001: S. 69 f.

158 Vgl. Pauli 1981: S. 181.

Luftdruck, Temperatur, Feuchtigkeit, Raumgefühl, Geruch, Eindruck der lokalen und tageszeitlichen Grundstimmung."[159] ein. Die Musik sollte schon sehr früh für die Vermittlung des atmosphärischen Ambiente sorgen. Sie soll ebenso die Psyche der Figuren reflektieren und dient damit der Verdeutlichung seelischer Vorgänge und Leidenschaften. So können unausgesprochene Gedanken einer Person verdeutlicht werden.[160]

Die *epische Funktion* übernimmt die Filmmusik hinsichtlich der Narration. So wirkt die Musik oft als Kommentar des Komponisten zu den Filmbildern des Regisseurs. Dabei kann die Musik die Bilder auch durchaus in eine ironische oder kritische Distanz rücken, wenn sie bewusst gegensätzlich zu den Filmbildern gestellt wird.[161]

Die *strukturelle Funktion* der Filmmusik ergibt sich aus der „[...] Charakteristik der Gattung Film selbst, für die als Spezifikum der Schnitt bzw. die Montage sowie die Erzählweise in Bildern genannt werden kann."[162] Hierbei übernimmt die Filmmusik Aufgaben der Betonung oder Verdeckung von Schnitten, aber auch die Akzentuierung einzelner Einstellungen und Bewegungen.[163] Diese Funktion hatte die Musik bereits zu Stummfilmzeiten wie bereits kurz angerissen worden ist.

Die *persuasive Funktion* unterstellt dem Film als „[...] Massenkommunikations-, -beeinflussungs- und -bildungsmittel [...]."[164] erkannt zu werden. Der Funktion der Musik, Emotionen abzubilden, folgt die Funktion beim Zuschauer Identifikationsprozesse auszulösen und so die Distanz zwischen Geschehen und Zuschauer zu mindern. Teilweise wird angestrebt den Zuschauer physisch zu überwältigen, indem große Lautstärken eingesetzt werden. Ein weiterer Aspekt der Musik ist die Aufmerksamkeit des Zuschauers auf bestimmte Personen, Gegenstände oder Ereignisse des Films zu lenken.[165]

Die Gewichtung der *Funktionen i.e.S.* wird je nach Filmgenre beeinflusst und führt zu einer differenziert ausgestalteten Filmmusik.

---

159 Schneider 1990: S. 19.

160 Vgl. Bullerjahn 2001: S. 70.

161 Vgl. Schneider 1990: S. 100.

162 Bullerjahn 2001: S. 69.

163 Vgl. Ebd. S. 71.

164 Ebd. S. 69.

165 Vgl. Ebd. S. 72 ff.

8.4.1 Metafunktionen in Disney-Filmen

Die *rezeptionspsychologische Metafunktion* kann für die ausgewählten acht Disney-Animationsfilme sowie auch für alle nach den *Silly Symphonies* entstandenen Animationsfilme vernachlässigt werden, da keine weiteren Stummfilme mehr produziert worden sind. Der einzige Film, der sich im Entfernten noch daran orientieren könnte, wäre *Bambi* mit seinen gerademal 1000 Wörtern.

Die *ökonomische Metafunktion* hat gerade in ihrer Tradition der *Titel-* bzw. *Themensongs* an Bedeutung zugenommen. Die bekanntesten Songs, die eine solche wechselseitige Vermarktung ermöglicht haben, sind wohl *Circle of Life* und *Can You Feel the Love Tonight* von Elton John. Von beiden Titeln gibt es eine Popversion, die von Elton John gesungen wird. Die Titel sind beide ohne die Stimme von John in den *König der Löwen* integriert worden. Die gegenseitige Aufwertung der Vermarktung ist bei diesen Songs und dem Film besonders hervorstechend. Mit Elton John wurde ein Poptitan für die Vermarktung der Songs engagiert, der sowohl den Verkauf der Lieder als auch des Films nur mit seinem Namen ankurbelte. Nicht ganz so erfolgreich, aber dennoch sehr populär, wurde das Album zu *Cinderella,* wie bereits skizziert, vermarktet.

8.4.2 Dramaturgische Funktionen in Disney-Filmen

Zum einfachen Erkennen des plötzlichen Aufkommens dramatischer Musik für eine dramatische Handlung, eignet sich eine Szene aus *Die Schöne und das Biest*. Das Biest und Belle haben gerade einen romantischen Abend mit Tanz und Dinner verbracht, als Belle plötzlich traurig wird, weil sie nicht weiß wie es ihrem Vater geht. Das Biest bietet ihr deshalb den verzauberten Spiegel an, um ihn zu sehen. In dem Moment erklingt im Hintergrund immer noch die romantische Musik zu *Beauty and the Beast*. Doch als Belle ihren Vater allein und krank im Wald sieht, schreit die Musik förmlich auf. Sie wird etwas lauter und dramatischer. Die Violinen werden in hohen Lagen durchgestrichen und zwischendurch erklingen akzentuierte dunkle Trompeten. Belles Angst um ihren Vater, die Unterdrückung ihm einfach sofort zu Hilfe zu eilen, spiegelt sich in der Musik wieder. Als das Biest sich entscheidet Belle gehen zu lassen, erklingen befreiende Trompeten, die die Veränderung des Biestes signalisieren. Zugleich schwingt die Trauer des Biestes über Belles Gehen und das Verlieren der letzten Hoffnung wieder ein Mensch zu werden mit. Die ganze Dramaturgie der Szene scheint in die musikalische Gestaltung eingebunden zu sein und lässt die Zuschauer erschaudern.

Die Musik wechselt bei der Verabschiedung schließlich hin zum *Beauty and the Beast* Song.

Viel auffälliger und aufdringlicher ist die dramatische Musik in der bereits beschriebenen Szene im *König der Löwen,* als Mufasa Simba aus der Schlucht rettet und von Scar in den Abgrund gestoßen wird. Den Verlauf der Musik und die dramatische musikalische Gestaltung sind bereits beschrieben worden. Zudem lässt sich festhalten, dass die Musik in dieser Szene wesentlich lauter ist, als in der in *Die Schöne und das Biest.* Die Dramaturgie wird hier also durch erhöhte Lautstärke noch einmal betont, während es im letzteren Film genau umgekehrt ist. Die Musik wird zwar lauter, bleibt jedoch so leise, dass sie unterschwellig Emotionen der Spannung im Zuschauer erzeugt.

Beide Verfahren sind für sich legitim und zeigen eine Übereinstimmung in den Funktionskategorien von Maas und Bullerjahn auf. Während Maas die Funktion als *syntaktische Funktion* beschreibt, umfasst Bullerjahn diese Funktion als *dramaturgische.*

8.4.3 Epische Funktionen in Disney-Filmen

Die *epische Funktion* der Musik ist wohl mit die am Häufigsten hervorstechende. Die Musik kommentiert, besonders in Animationsfilmen egal in welcher anderen Funktion oder mit welcher Technik, den Bildinhalt. Dabei ist es völlig gleich mit welchen Maßstäben und Kategorisierungsansätzen herangegangen wird.

Die Technik des *Mickeymousing* lässt sich besonders gut in diese Funktion einordnen. Im *König der Löwen* ist Pumba in der Oase gerade dabei sich einen blauen Käfer zu fangen. Schnelle klar strukturiert gestrichene Violinen begleiten sein Anschleichen. Als er bei dem Versuch dem Käfer über einen Baumstamm zu folgen auf diesem hängen bleibt, spielt eine Posaune ein kurzes ironisches Motiv, das zu sagen scheint: Du bist zu dick um dort rüber zu kommen. Eine musikalische Pause tritt ein, als Pumba sich suchend nach Timon umdreht. Doch dann setzt die Musik mit Pumbas Anschleichen wieder ein. Eine Querflöte spielt ein paar kurze Töne ein, die wie das Zwitschern eines Kuckucks klingen. Die kommentierende Musik wird von einer stark dramatischen abgelöst, als Pumba auf Nala trifft und von ihr gejagt wird. Die anschleichende Szene Pumbas wird durchweg musikalisch kommentiert. Jede seiner Bewegungen, wird musikalisch umgewandelt. Das macht das Zusammenspiel von Musik und Bild in den Disney-Filmen so faszinierend.

Die *Kontrapunktierung* von Pauli lässt sich in der *epischen Funktion* durchaus wiederfinden. Die Beispiele, die in diesem Kapitel beschrieben worden sind, lassen sich also in diese Funktionskategorie integrieren. Zur besseren Veranschaulichung wird hier eine Szene aus *Küss den Frosch* dargestellt. Am Anfang des Films kommt Tiana erstmals als junge Frau von einer Nachtschicht in ihr Zimmer. Ihrem Aussehen nach zu urteilen, ist sie müde und erschöpft. Die Musik dagegen ist leise, wird allerdings von einer fröhlich-heiteren Grundstimmung getragen. Dieser musikalische Kommentar scheint Tianas durchweg positiven Charakter darzustellen. Als sie schließlich in ihr Bett geht, setzt die laute Dixieland Jazz-Musik mit *Down in New Orleans* ein. Theoretisch sollte ihr Tag jetzt enden und die Nachtruhe eintreten. Doch für Tiana ist nach nur einer Sekunde Filmzeit die Nachtruhe beendet und der Tag beginnt mit einem weiteren Job. Es scheint Ironie in der Musik mitzuschwingen, die Tiana keinerlei Ruhe gönnt, obwohl sie gerade erst heimgekehrt ist. Auch der kurze schnippische Kommentar eines Kontrabasses, als sie nur wenige Geldstücke in ihre Sparschublade für ihren Traum vom eigenen Restaurant gibt, zeugt von Ironie. Es wird wohl trotz der vielen Arbeit noch lange dauern, bis das Geld für das Restaurant ausreicht - aber das Leben geht weiter.

8.4.4 Strukturelle Funktionen in Disney-Filmen

Der *strukturellen Funktion* der Musik kann vermutlich kaum ein Film entgehen, auch kein Animationsfilm. Die Wirkung der Musik Filmschnitte und Szenenwechsel zu kommentieren, überspielen oder betonen bietet sich zum einen an und ist zum anderen von unschätzbarem Wert. Der Film verliert seine Wirkung als lose Aneinanderreihung einzelner Szenen.

Im *Dschungelbuch* lässt sich bereits am Anfang des Films eine solche strukturelle Musik aufzeigen. Baghira hat soeben Mogli im Wald gefunden und überlegt was er mit ihm machen soll, damit er nicht umkommt. Plötzlich hat er die Idee Mogli zu einer jungen Wolfsfamilie zu geben, da die Mutter gerade erst Junge bekommen hat. Baghiras laut ausgesprochene Überlegungen werden von einer einzelnen langsam melodisch spielenden Querflöte untermalt. Das sehr gediegene Spiel unterstreicht die Denkweise Baghiras. Als dieser den Einfall der Wolfsfamilie hat, klingt das Spiel aus und wechselt nach einer kurzen Pause mit dem Bild zum fröhlichen Spiel der Wolfsjungen vor ihrem Bau. Die Querflöten trällern eine fröhliche Melodie, die dem sorglosen Spiel der Jungen entspricht.

Nur kurz nach der Aufnahme Moglis in die Wolfsfamilie, wirkt die Musik wieder *strukturell*. Die ersten zehn Minuten des Films leben fast ausschließlich von Baghiras Erzählung über Moglis „Finden und Leben" im Dschungel. Lediglich die Musik begleitet seine Ausführungen und setzt Akzente. Baghira berichtet gerade von seiner Sorge, dass Mogli nicht ewig im Dschungel bleiben kann. Zu diesen Gedanken ertönt keinerlei Hintergrundmusik. Erst als das Bild hin zum Vollmond wechselt, ertönt ein kurzer signifikanter Viola-Streicher, der die Gefahr und das Ende Moglis glücklicher Zeit im Dschungel andeutet. Die Wolfsversammlung findet statt, in der beschlossen wird, dass Mogli um ihn vor Shir Khan zu schützen den Dschungel verlassen muss. Die Bedrohung wird durch tiefe Percussions und vereinzelte akzentuiert gesetzte Viola-Streicher musikalisch kommentiert. Kurz nach Beginn der Unterhaltung der Wölfe über Mogli klingt die Musik aus. Damit dient die Musik einzig der Akzentuierung des Szenenwechsels, sowohl als Szenenwechsel als auch als Stimmungswechsel vom fröhlichen unbeschwerten Leben zur Gefahr durch Shir Khan. Die Musik leitet die Vollversammlung lediglich ein, kommentiert aber nicht den weiteren Verlauf. Neben seiner *strukturellen Funktion,* erfüllt die Musik hier also auch die *epische* und *dramaturgische Funktion,* indem sie das Geschehen kommentiert und zugleich eine gefahrvolle atmosphärische Stimmung aufbaut.

8.4.5 Persuasive Funktionen in Disney-Filmen

Auch die *persuasive Funktion* der Musik lässt sich oft in den Animationsfilmen Disneys nachweisen. Allein schon die Art und Weise der Anwendung der *Leitmotivtechnik* durch die Company lässt die Aufmerksamkeit des Zuschauers auf bestimmte Personen lenken, da die Leitmotive oftmals gezielt und kontinuierlich bei der Abbildung der Figuren zu hören sind. Besonders markant wird die Technik in *Arielle* verwendet, was später detailliert beschrieben wird.

Auch im *Dschungelbuch* finden sich Identifikationsprozesse und musikalische Aufmerksamkeitslenkung wie in der Szene, in der erstmals die Elefanten zur Frühpatrouille auftreten. Noch bevor die Patrouille zu sehen ist, sieht man wie der Baum, auf dem Mogli und Baghira übernachtet haben, im Rhythmus der Musik wackelt und hört eine typische Marschmusik. Die Musik erklingt im regelmäßigen Marschrhythmus und wird durch stetige Posaunenlaute akzentuiert. Die Klarinette bildet das Grundgerüst der Musik und die Elefanten singen im Takt ihrer Schritte. Natürlich erzeugt diese Szene allein schon mit der Marschmusik einen Identifikationsprozess. Soldaten bzw. ehemalige Soldaten fühlen sich in den Prozess integriert. Aber auch Kinder spricht die Musik und das Bild direkt an. Kinder, besonders Jungen, identifizieren sich schnell mit einer Soldatenpatrouille. Sie bewundern zumeist deren Verhalten.

Zudem wird die Aufmerksamkeit durch die zunächst einsetzende Musik ohne zugehöriges Bild direkt auf das folgende Geschehen, den Marsch der Elefanten, gelenkt. In dieser Szene vermag es Disney wieder einmal gezielt das Kinderpublikum zu erreichen wie auch schon mit *I Just Can't Wait To Be King* im *König der Löwen*.

8.5 Funktionen nach Norbert Jürgen Schneider

Schneider geht davon aus, dass Musik im Film in unterschiedlichen Funktionen eingesetzt werden kann. Allerdings kann man diese Funktionen kaum systematisch umreißen, da die Musik äußerst vielschichtig und deshalb kaum in Kategorien zu pressen ist. Deshalb stellt Schneider ein bipolares Modell auf, in dessen Spannungsfeld sich die jeweilige Funktionsweise von Musik flexibel zu definieren hat:[166]

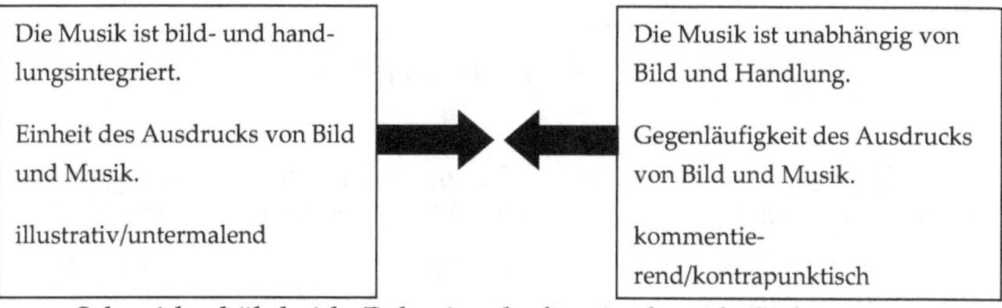

Schneider hält beide Pole einzeln für sinnlos, als Richtungsvorgabe bzw. Endpunkte jedoch für unabkömmlich. Die tatsächlich dramaturgisch sinnvollen Funktionen liegen seiner Meinung nach zwischen den Polen.[167]

Zusätzlich zu der Kategorisierung, hat Schneider einen Katalog der Funktionen von Filmmusik aufgestellt. Demnach kann Musik: „[...]

1. Atmosphären aufstellen
2. Ausrufezeichen setzen
3. Bewegungen illustrieren
4. Bilder integrieren
5. Emotionen abbilden
6. Epische Bezüge herstellen
7. Formbildend wirken

166 Vgl. Schneider 1990: S. 89.

167 Vgl. Schneider 1990: S. 90.

8. Geräusche stilisieren
9. Gesellschaftlichen Kontext vermitteln
10. Gruppengefühl erzeugen
11. Historische Zeit evozieren
12. Irreal machen
13. Karikieren und Parodieren
14. Kommentieren
15. Nebensächlichkeiten hervorheben
16. Personen dimensionieren
17. Physiologisch konditionieren
18. Rezeption kollektivieren
19. Raumgefühl herstellen
20. Zeitempfindungen relativieren." [168]

Die genannten Funktionen können sich durchaus überlagern und stellen somit auch keinerlei ausschließliche Kategorisierung dar.

Schneider stellt zusätzlich zu diesen Funktionen ein *großformales Gestaltungsprinzip*[169] auf, welches zwar nicht Bedingung für eine gute Filmmusik, jedoch schlüssig bei deren Analyse ist. Er unterscheidet diese in Crescendoform, Bogenform und Reihungsform:

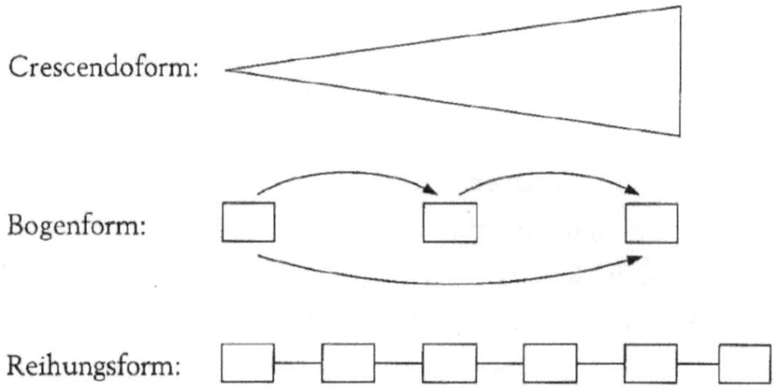

168 Ebd. S. 90.

169 Vgl. Schneider 1997: S. 68 f.

Die „Crescendoform" beschreibt eine Musik, die während des Films zunehmend deutlicher, vordergründiger und opulenter in Klang, Harmonik sowie in ihrem längenmäßigen Auftreten wird. Filme mit ständig intensiver werden Musikstücken fallen in dieses Prinzip. Die „Decrescendoform" ist wesentlich seltener. Dabei setzt die Musik zu Beginn akzentuiert ein um dann nach und nach zu verschwinden. Sehr verbreitet ist wiederum die Bogenform. Hierbei gibt es ein gewichtiges Anfangsstück, dass schließlich am Filmende wieder erreicht wird. Seltener ist die Reihungsform, bei dem durch Wiederholen eines dominierenden Musikstückes eine formale Strenge erzeugt wird.[170]

8.5.1 Funktionen Schneiders in Disney-Animationsfilmen

Viele der von Schneider aufgestellten Funktionen, lassen sich bereits in vorangegangen beschriebenen Aufstellungen wiederfinden. Gerade auf Funktionen wie Atmosphäre aufstellen, Bewegungen illustrieren (gleichzusetzen mit dem *Mickeymousing*) und Emotionen abbilden, ist bereits ausführlich in verschiedenen Szenen und Filmen eingegangen worden oder werden bei der Beschreibung der Techniken noch einmal detailliert aufgegriffen. Da die Funktion epische Bezüge herzustellen, mit der Form des *affektiven Gedächtnisses* von Schneider erzeugt wird, ist auch hierüber bereits ausführlich berichtet worden. Die Szene, in der sich Belle auf dem Weg zum Westflügel befindet, trägt nicht nur zur Veranschaulichung des *affektiven Gedächtnisses* bei. Hier wird besonders die Epik durch das „Zaubermotiv" hervorgehoben. Es weist auf den Märchencharakter des Films hin und umhüllt ihn wie die Glasglocke die verzauberte Rose. Besonders hervorzuheben in dieser Szene ist allerdings der Gang Belles zum Westflügel. Die musikalische Untermalung erzeugt eine Mischung aus geheimnisvoller und zugleich einladender, aber auch gefahrvoller Atmosphäre. Auf Belles Weg spielen Posaunen zusätzlich das Motiv „Sei hier Gast" aus dem Lied *Be Our Guest* ein. Das Motiv erscheint hier tiefer moduliert und in einer enharmonischen Version. Es erzeugt so eine gespaltene Atmosphäre. Das Motiv ist in den Noten deutlich zu erkennen:[171]

---

170 Vgl. Schneider 1997: S. 68 f.

171 Menken, Alan: *Be Our Guest*. Klavier- und Chorauszug. In: *Beauty and the Beast* (Medley from Walt Disney). Lyrics: Howard Ashman, Music: Alan Menken, Arrangement: Roger Emerson. Sheet Music: 2-Part Choir, Piano Accompaniment (2PTCHOIR/PFA). USA: Hal Leonard Corporation/Walt Disney Music Co. and Wonderland Music. Co. 1992: S. 5.

Mit Betreten des Westflügels wird die Atmosphäre schließlich eindeutig geheimnisvoll polarisiert. Ein engelsgleicher Chor ertönt zusammen mit weichen enharmonischen Violinen.

Die Funktion Geräusche zu stilisieren, lässt es zu, auf die Beschreibungen zu *Little April Shower* in *Bambi*, bei der die Triangel den Regentropfen auf das Vogeljunge und die Maus stilisiert, zurückzublicken. Ganz nebenbei wird in diesem Lied so auch die Nebensächlichkeit der Darstellung einzelner Regentropfen eingeführt. Allein die häufige Anwendung der Technik des *Mickeymousing* lässt unzählige Szenen mit der Stilisierung oder Hervorhebung von Nebensächlichkeiten in den Disney-Animationsfilmen erkennen.

Auf die Funktionen gesellschaftliche Kontexte zu vermitteln und dem Evozieren einer historischen Zeit wurde mit *Down in New Orleans* in *Küss den Frosch* und der typisch höfischen Musik im Schloss in *Cinderella* ebenfalls bereits eingegangen. Es lassen sich hier wieder Überlappungen in den Theorien von Schneider, Bullerjahn und Maas feststellen. Dies gilt auch für das Kommentieren der Bilder durch die Musik. In jeder der Theorien wird der Zuschauer bei dieser Funktion zum selbstständigen Denken und Einordnen aufgefordert. Das Kommentieren macht auf Dinge aufmerksam. Das eben erwähnte epische Erzählen zählt genauso dazu wie das Parodieren oder Kontrapunktieren der Musik. Das Karikieren und Parodieren ist bereits mit einer Szene aus *Küss den Frosch* am Anfang des Films skizziert worden, als Tiana als kleines Mädchen, vor Angst vor einem Frosch, aus ihrem Zimmer läuft und die Musik ihr Hinauslaufen mit abwärtstonierenden Streichern parodiert.

Auch die Art und Weise, in der Disney Gruppengefühl erzeugt, ist mit der Elefantenfrühpatrouille im *Dschungelbuch* beschrieben worden. Vergleichbare Szenen lassen sich in *Küss den Frosch* mit dem Bayou-

Zydeco Volksfest der Glühwürmchen oder mit den arbeitssamen Zwergen, die in *Schneewittchen* ihr Lied *Heigh-Ho* singen, wiederfinden. Auf die Erzeugung von Raumgefühl und die Relativierung von Zeit im Film durch die Musik ist besonders in der Besprechung von Lissa im Zusammenhang mit dem *König der Löwen* eingegangen worden. Die Szene, in der Simba nach seiner langjährigen Abwesenheit durch die Wüste wieder zurück ins geweihte Land kehrt, bietet für beide Funktionen eine Orientierung.

Lediglich das Kollektivieren der Rezeption ist bisher noch nicht angesprochen worden. Hierbei geht es darum, dass der Rezipient sich nicht wie in einer Kunstausstellung ein eigenes gesondertes Bild von dem, was er sieht, machen kann, sondern aufgrund der Musik, wie alle anderen Rezipienten im Raum mit ihnen, gleichzeitig den Zeitpunkt des Höhepunktes, der Spannung und Entspannung erlebt. Die Filmmusik macht die Rezeption deshalb auch ein Stück unfrei, sie bindet den Rezipienten an ihr Vorgehen. Damit wird der einzelne Rezipient zu einem Teil einer Masse an Rezipienten, die alle mehr oder weniger dasselbe wahrnehmen. Dies heißt nicht, dass das negativ zu sehen ist. Es ist lediglich eine Tatsache, derer man sich als Rezipient bewusst sein sollte.

Einige der Funktionen Schneiders lassen sich hingegen gar nicht in den Disney-Animationsfilmen wiederfinden. Dafür sind sie zu stark auf Realfilme fokussiert. So wird es schwer tatsächlich Ausrufezeichen mit der Musik in Animationsfilmen zu setzen. Es finden sich durchaus viele musikalische Stellen, die dramaturgisch betont, emotional hervorgehoben oder besonders laut erscheinen, jedoch spielen diese eher unter Techniken wie der *deskriptiven,* besonders dem *Mickeymousing,* oder der *Leitmotivtechnik* eine Rolle. Die Musik in den Disney-Animationsfilmen ist in einer Form mit dem Bildinhalt verbunden, der keine eigenen Ausrufezeichen in der Bedeutung, dass eine Szene mit nur ein bis zwei Takten auffälliger Musik unterstrichen werden muss, zulässt. Auftauchende Fanfaren oder schnelle Streicher bedienen diese Funktion nicht. Auch Bilder, die nicht in den eigentlichen Film gehören, sondern vom Regisseur eingesetzt und durch die Musik als dem Film zugehörig angenommen werden, finden in den Animationsfilmen keine Beachtung. Die Funktion der Formbildung ist im filmmusikalischen Zusammenhang so zu verstehen, dass Musik nur in bestimmten Stellen eines Films auftaucht. Zum Beispiel, indem diese nur an dramaturgisch wichtigen Stellen eingespielt wird. Da Musik im Disney-Animationsfilm allerdings eine besondere Stellung einnimmt und elementar wichtig in der Umsetzung mit dem Bildinhalt ist, trifft diese Funktion nicht zu. Im Kontext, dass die Filmmusik in diesen Filmen aufgrund der Verwendung von *Leitmotiven, Mickeymousing* und musikalischer Untermalung des Films angewendet wird, kann man die Musik durchaus als formbildend betrachten. Dies umfasst aber nicht das Verständnis Schneiders von einer formbildenden Musik. Ebenso wird Irrealität im Sinne von fehlenden Geräuschen zu den Bildern nicht durch das Fehlen von Musik im Disney-Animationsfilm erzeugt. Auch von einer Dimensionierung der Personen kann nicht gesprochen werden. Die Hauptfiguren werden zwar mit musikalischen Leitmotiven oder besonders viel von ihnen gesungener Lieder höhergestuft als die Nebenfiguren, von einer Dimensionierung der Figuren kann dabei aber nicht gesprochen werden.

Es zeigt sich besonders bei der Funktionsaufstellung Schneiders, dass sich nicht alle Ebenen auf Animationsfilme übertragen lassen, es aber gleichwohl genügend Funktionen der Filmmusik gibt, derer sich die Produktion in Animationsfilmen bedient. Auch Schneiders *großformales Gestaltungsprinzip* findet in den Animationsfilmen Beachtung.

8.5.2 Das großformale Gestaltungsprinzip in Disney-Filmen

Auf dieses Prinzip soll in der Beschreibung nur soweit eingegangen werden, dass ein Eindruck davon entstehen kann. Eine detaillierte Analyse würde an dieser Stelle zu weit führen.

Die „Crescendoform" aus Schneiders Prinzip lässt sich wohl eher in einzelnen Liedern innerhalb der Filme wiederfinden. In *Die Schöne und das Biest* findet gleich zu Beginn des Films eine Liedszene ihren Eingang, die dem Crescendo folgt. Belle beginnt als sie aus dem Haus kommt um in das Dorf zu gehen, das Lied *Belle* zu singen. Zunächst singt sie allein, nach und nach stimmen die Dorfbewohner in ihren kurzen Soli ein und schließlich zum Finale des Liedes singen Belle und alle Dorfbewohner gleichzeitig. Die Form macht keine besonders gute Musik aus, zeigt allerdings das durchdachte Einsetzen der Musik im Animationsfilm Disneys. Als *großformales Gestaltungsprinzip*, wie es Schneider definiert, findet man in den Disney-Animationsfilmen eher nur die „Bogenform". Die Musik beginnt mit dem Film, sie geleitet durch den Film und beendet diesen schließlich auch. Keiner der hier beschriebenen Filme folgt einem Konzept, in dem die Musik erst innerhalb des Films an Gewichtung zu- oder abnimmt. Ebenso wenig wird versucht mithilfe der Reihungsform eine formale Strenge zu erzeugen. Das ist nicht Ziel der Animationsfilme und würde auch eher kontraproduktiv in Anbetracht der obersten Zielgruppe, der Kinder, sein. Die „Bogenform" ist demnach die verwendete Form in den Animationsfilmen. Auch wenn nicht jedesmal definitionsgetreu dasselbe Musikstück vom Anfang auch das das vom Ende des Films ist, wie *Circle of Life* im *König der Löwen*. Nichtsdestotrotz zeigt es, dass die Disney Company der Musik in ihren Filmen eine gleichbleibende Bedeutung beimisst. Sie soll die Handlung vorantreiben, sie unterstützen und durch den Film geleiten – eine Bedeutung, die sich in all den Jahren der Disney-Animationsfilmproduktion nicht gewandelt hat.

9 Techniken der Filmmusik

Im Verlauf der bisherigen Betrachtungen und Analysen der Filmmusik wurde bereits mehrfach auf bestimmte Techniken bei der Entwicklung einer Filmmusik hingewiesen. Um Funktionen und bestimmte Wirkungen mithilfe der Musik im Film zu erlangen, muss die Musik in einer bestimmten Technik komponiert werden, um von größtmöglichem Nutzen zu sein. Innerhalb der Entwicklung der Filmmusikgeschichte haben sich „[...] vier filmische Kompositionsstrategien bzw. -techniken [herausgebildet:] die *deskriptive Technik*, die *Mood-Technik*, die *Leitmotivtechnik* und die *Baukastentechnik* [...].“[172] Grundsätzlich gilt bei diesen Techniken, dass sie sich am Geeignetsten für die Filmmusikkomposition erwiesen haben, da Filmmusik in sehr kurzen Zeiträumen geschrieben werden muss. Natürlich werden die vier Techniken in der Praxis der Filmmusikkomposition nicht strikt getrennt, sondern führen oft zu sehr gelungenen Kombinationen.[173]

9.1 Die deskriptive Technik

Die *musikalische Deskription*[174] wird schon seit der Stummfilmzeit verwendet. Sie diente der „[...] Ergänzung des Bildes durch Imitation oder Stilisierung von Geräuschen und Unterstreichung von Bewegungen“[175].

Eine Veränderung erfuhr diese Funktion mit Beginn der Tonfilmtechnik. In der Stummfilmzeit wurden einfach Kompilate verwendet. Im Tonfilm konnte die Musik detailliert auf die Bewegungen im Film abgestimmt werden. Die Entwicklung des *Mickeymousing* fällt in diese Technik. Im Film entsprechen Bewegungen im Bildraum den Bewegungen im Tonraum. Das heißt rhythmische Geräusche wie die von Eisenbahnen werden tonmalerisch und klangnachahmend durch rhythmische Strukturen ersetzt. Ohrfeigen oder Schüsse dagegen werden durch kurze, laute musikalische Akzente unterstrichen.[176] Wie schon beschrieben wird dieses Verfahren besonders stark in Zeichentrickfilmen verwendet. Entgegen dem Realfilm dient die Musik hier allerdings weniger nur als Ergänzung zur Handlung, als als integraler Bestandteil. Die Animation

172 Bullerjahn 2001: S. 75.

173 Vgl. Ebd. S. 75.

174 Ebd. S. 77.

175 Ebd.

176 Vgl. Ebd. S. 79.

der Bewegung hängt vor allem vom Rhythmus der Musik ab. Das bedeutet auch, dass in Animationsfilmen entgegen den Realfilmen erst die Komposition und Produktion der Musik und dann die exakte Anpassung an die Gesten und Bewegungen der Figuren erfolgt.[177] Die folgende Abbildung nach Bullerjahn verdeutlicht das Verfahren der *deskriptiven Technik* noch einmal:[178]

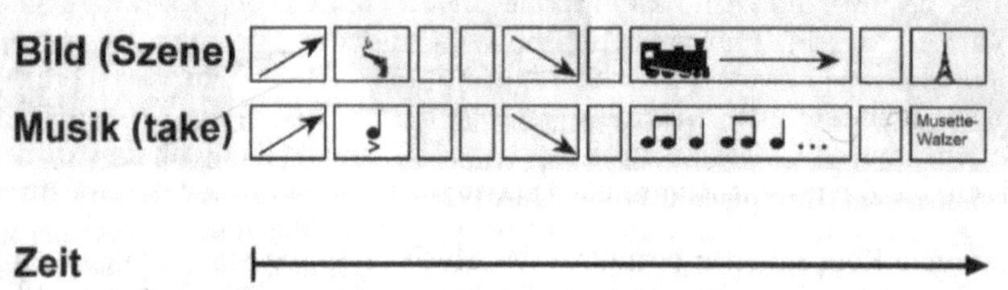

Früher sehr oft verwendet, wird die Technik heute allerdings besonders in Realfilmen nur noch in parodistischer Absicht angewandt. Seit 1980 lässt sich jedoch im deutschen Kino- und Fernsehfilmen eine zunehmende Tendenz zu einer neuen Art des *Mickeymousing* aufgrund technologischen Neuerungen feststellen.[179] Im Animationsfilm der Disney Company hingegen wird das Verfahren, wenn auch nicht mehr so exzessiv wie früher, weiterhin angewendet.

Bereits innerhalb der bisherigen Analysen ist die *deskriptive Technik* neben der *Leitmotivtechnik* als die dominanteste Technik im Animationsfilm zum Tragen gekommen. Dabei muss es sich nicht immer zwangsläufig um das *Mickeymousing* handeln. Die Technik beschreibt den Bildinhalt schon ihrem Namen nach. An dieser Stelle wird die Technik noch einmal an zwei verschiedenen Szenen unterschiedlicher Filme dargestellt.

9.1.1 Schneewittchen

Mit *Schneewittchen* wollte Walt Disney eine neue Form der Synthese von Film und Musik erschaffen. Er wollte etwas Außergewöhnliches erreichen. Die Musik sollte das Bild verkörpern und das Bild die Musik. Die Genre sollten sich gegenseitig beeinflussen und vorantreiben. Des-

177 Vgl. Ebd. S. 80.

178 Ebd. S. 80.

179 Vgl. Schneider 1990: S. 160.

halb und weil das Verfahren gerade noch in seiner Anfangsphase war, kommt es gerade in diesem Film auch zu erhöhter Anwendung der *deskriptiven Technik*.

Die Szene, in der die Zwerge das erste Mal eingeführt werden, wird parallel mit ihrem Song *We dig, dig, dig*, der schließlich mit Ende des Arbeitstages in *Heigh-Ho* übergeht, eingeblendet. Noch bevor die Zwerge zu sehen sind, ertönen die Töne eines Xylophons, dass das Hacken der Zwerge stilisiert. Die Noten geben das gleichmäßige marschtempoähnliche Hacken wieder:[180]

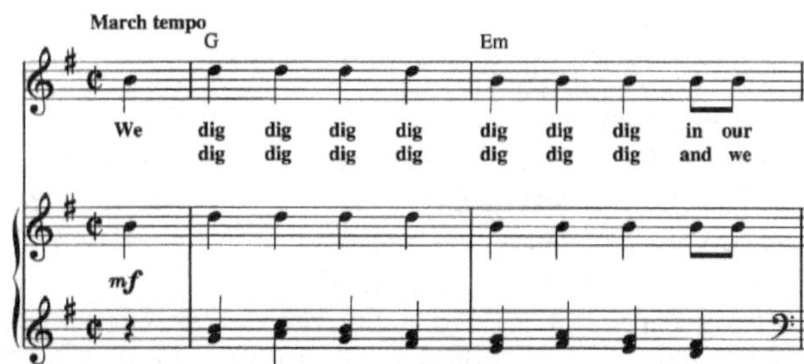

Erst mit Einblendung der Szene ertönt zunächst noch ein einzelnes Fagott und schließlich stimmen die Zwerge zusammen mit den Violinen in ihr Lied ein. Der Song wirkt heiter, auch wenn es einen beschwerlichen Inhalt vermittelt. Die Musik wird schließlich langsamer und klingt, bis auf ein Xylophon, aus. Die Kamera wendet sich der Uhr zu. Ihr Klopfen kündigt, stilisiert durch ein Xylophon, das Ende des Arbeitstages an, worauf die Zwerge in *Heigh-Ho* einstimmen. Tiefe Posaunen und Trommeln geben den Takt, nach dem die Zwerge ganz genau marschieren. Es erinnert an einen Militärmarsch, bei dem oft die Ansage „Links, rechts, links, rechts ..." zu hören ist. Ihr Pfeifen fügt sich in den Takt der Musik:[181]

180 Churchill, Frank: *Heigh-Ho*, Klavierauszug. In: Walt Disney Music Company/Wonderland Music Company, Inc. 2007: S. 38.

181 Ebd. S. 39.

Im weiteren Lauf kommen die Zwerge hinter einem Berg hervor. Zunächst sieht man nur ihre Schatten an der Bergwand emporschießen, bevor sie dann, einer nach dem anderen, im Bild erscheinen. Die Musik ist gleichbleibend laut, der Gesang der Zwerge auf „Heigh-Ho" ist jedoch erst leise wie ein Hall und wird mit ihrem „immer-weiter-ins-Bildkommen" lauter. Die Kameraeinstellung verbleibt auf dem Heimweg der Zwerge, bis diese nicht mehr zu sehen sind. Neben ihnen ist ein Wasserfall zu sehen. Das im Bild vertikale Weggehen der Zwerge wird durch die leiser werdende Musik und ihren Gesang umgesetzt, während die mit Erscheinen des Wasserfalls einsetzende Harfe zunächst lauter wird und schließlich als einziges Instrument übrig bleibt. Sie stilisiert den Wasserfall mit abwärtstonierenden leiserwerdenden Tönen.

Wie bereits beschrieben, sollte die Musik in *Schneewittchen* die Bilder verkörpern und die Handlung vorantreiben. Eine weitere Szene, in der diese Kriterien hervorragend umgesetzt worden sind, bietet die Ankunft der Zwerge in ihrem Haus, nachdem Schneewittchen dieses, mithilfe der Tiere aus dem Wald, geputzt hat. Aus Verwunderung über die Veränderung im Haus, sind die Zwerge erschrocken und ängstigen sich vor einem möglichen Einbrecher. Die Vögel, die noch im Haus sind, machen sich einen Spaß daraus, indem sie laute kreischende Töne von sich geben und so den Zwergen das Gefühl geben es wären tatsächlich Einbrecher da. Die Zwerge sind vom lauten Kreischen so erschrocken, dass sie wild durcheinander laufen und sich einzeln im Haus verstecken. Hatschi flieht in einen Kartoffeltopf. Ihm wird ein einzelner hoher Ton zugeordnet, gespielt von einem Xylophon und einer Querflöte. Schlafmütze versteckt sich in einem Waschzuber und wird beim Hochschauen durch tiefe gediegene Töne des Fagotts und der zitternde Happy mit einer hektischen Violine stilisiert. Seppl hat sich unterdessen unter dem Ofenholz versteckt und wird beim Auftauchen von hohen Tönen eines Fagotts begleitet. Brummbär liegt im Kartoffelsack und Pimpel versteckt sich unter der Treppe. Er wird von einer Violine beim Vorkrabbeln begleitet. Sowohl Schlafmütze als auch Seppl und Brummbär werden von derselben Tonfolge begleitet. Lediglich die verschiedenen Tonlagen, die in der entsprechenden Reihenfolge immer höher werden und der Gebrauch der Instrumente, zeigen einen Unterschied auf. Die Bewegungen der Zwerge werden also musikalisch pedantisch genau stilisiert. Diese deskriptive Pedanterie war gerade zu Beginn der Disney Animationsfilme ihr Markenzeichen.

9.1.2 Die Schöne und das Biest

In diesem Film ist die Anwendung der *deskriptiven Technik* weitaus subtiler. Als das Biest Belle im verbotenen Westflügel findet, jagt es sie aus dem Schloss. Daraufhin flüchtet Belle die Treppen hinunter, wobei sie von abwärtstonierenden Violinen begleitet wird, und reitet auf ihrem Pferd Philippe davon. Streicher und Trompeten geben sich ein hektisches und aufgeregtes Duell, die die Galoppmusik vervollständigen. Schließlich wird Belle im Wald von Wölfen angefallen. Auf der Flucht vor den Wölfen, wird Belle von angsterfüllten Trompeten begleitet. Als sie im Fluss einbricht, setzen ebenfalls furchtvolle Violinen ein, die sich zunächst in erlösenden Flöten auflösen, als Belle wieder an Land ist und die Wölfe im Wasser zurückbleiben. Bis dahin ist die Musik mit fortschreitender Flucht dramatischer und lauter geworden. Der Moment der vermeintlichen Rettung unterbricht die Dramatik, die dagegen mit erneut auftauchenden Wölfen und der fast aussichtslosen Situation Belles wieder aufglimmt. Schließlich kommt ihr das Biest zu Hilfe und die Musik erklingt dramatischer denn je. Das gesamte Orchester, vor allem die Violinen und Trompeten scheinen sich permanent in Dramatik und Lautstärke übertrumpfen zu wollen. Die Instrumente scheinen sich einen erbitterten Kampf zu liefern, genauso wie das Biest und die Wölfe. Erst als das Biest erschöpft zu Boden geht, nachdem es die Wölfe in die Flucht geschlagen hat, kommt die Musik zum Stillstand.

Die musikalische Untermalung verfolgt erkennbar das Verfahren der *deskriptiven Technik,* ohne es zu aufdringlich werden zu lassen. Sie wirkt trotzdem frei und unabhängig, und scheint das Bild gleichzeitig zu fordern und zu fördern. Die Entwicklung vom ersten Animationsfilm bis hin zu späteren Werken ist also unübersehbar. Es wird nicht mehr jedes kleine Geschehen stilisiert und doch so viel stilisiert, dass es wahrnehmbar bleibt.

9.2 Die Mood-Technik

Die *Mood-Technik* bezeichnet das „[...] organisatorische Verfahren, den zu vertonenden Filmszenen musikalische Stimmungsbilder zuzuordnen, die thematisch mehr oder minder unabhängig sind."[182] Als Begründer dieser Technik gilt Alfred Newman. Während die *deskriptive Technik* auch die Darstellung seelischer Vorgänge berücksichtigt, konzen-

---

182 Pauli, Hansjörg: Filmmusik. In: Deutsches Institut für Fernstudien an der Universität Tübingen (Hrsg.): Funkkolleg Musik - Studienbegleitbrief 11. Weinheim & Basel/Mainz: Beltz & Schott. S. 17.

triert sich die *Mood-Technik* eher auf die Vermittlung von statischen, sich leicht verändernden Gefühlsausdrücken oder gar nicht sichtbaren Empfindungen.[183] In der Zeit der Stummfilme waren die einzelne Szenen noch durchgehend musikalisch unterlegt, so dass diese durch den Stimmungsgehalt der Musik miteinander verklammert wurden und sich eine Parallelität der Stimmung ergab, wie es aus der folgenden Abbildung ersichtlich ist:[184]

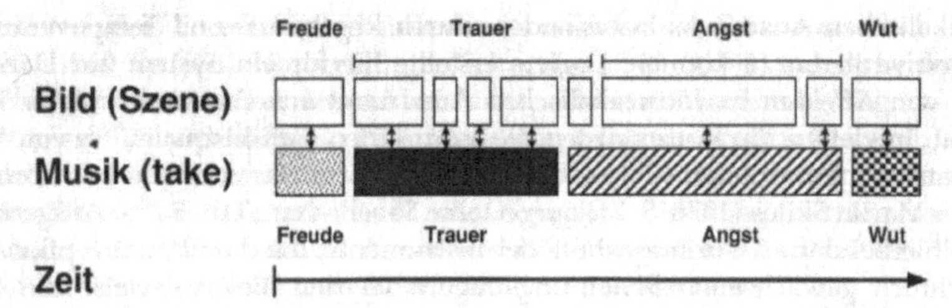

Im Tonfilm hingegen findet sich ein eher spärlicherer Einsatz dieser Technik der Musik. Das ist auch der Grund, weshalb es schwer fallen wird, tatsächlich eine emotional neutrale Szene in den Disney-Animationsfilmen zu finden, die der Mood-Technik gerecht wird. Die Bilder sind bereits mit so viel Liebe zum Detail gezeichnet, dass sie von sich aus bereits sprechen. Dies ist ganz im Sinne von Walt Disney - Musik und Bild gehen eine perfekte Symbiose ein.

Lediglich Szenen wie sie bereits zur *Polarisierung* Paulis beschrieben worden sind, können der *Mood-Technik* angerechnet werden. Bei deren Betrachtung ist ebenfalls schon festgestellt worden, dass nur die Titelmusiken der Disney-Animationsfilme einer *Mood-Technik* bedürfen. Dabei wurde auf Titelmusiken in *Schneewittchen, Cinderella* und *Die Schöne und das Biest* eingegangen.

9.3 Die Leitmotivtechnik

Ganz anders verhält es sich mit dem Gebrauch der *Leitmotivtechnik* in den Disney-Animationsfilmen. Während die *Mood-Technik* kaum wahrnehmbar und die *deskriptive Technik* eher auf dem Weg des Rückgangs steht, wird die *Leitmotivtechnik* von jeher angewendet und dabei immer weiter ausgebaut.

183 Vgl. Bullerjahn 2001: S. 84.

184 Ebd. S. 87.

Der Ursprung dieser Technik liegt im Terminus „Leitmotiv", der sich auf ein Motiv oder Thema bezieht, das im musikalischen Werk mit einer außermusikalischen Idee, Situation oder Person verbunden wird. Das Leitmotiv erscheint dann immer wieder als dessen Träger. Bekannt und beliebt geworden ist das Leitmotiv durch Richard Wagner. Er perfektionierte die Verflechtung der verschiedensten Motive. Ein herausragendes Beispiel für seine Kunst findet sich im *Ring des Nibelungen*.[185]

Bereits in der Stummfilmzeit wurden erste Ansätze dieser Technik erfolgreich verwendet. Damals war es der Pianist, der bestimmte Verlinkungen zu Personen und Gegenständen durch improvisierte Akkorde herbeiführen konnte. Ohne größere Vorbereitung einer ausgearbeiteten Komposition kann sich allerdings kein Leitmotiv voll entwickeln, weshalb auch erst in den späten Stummfilmen von entwickelter *Leitmotivtechnik* gesprochen werden kann.[186]

Die *Leitmotivtechnik* kann in einer komponierten Filmmusik für spürbare Geschlossenheit sorgen.[187] Die hauptsächliche Aufgabe der *Leitmotivtechnik* in Musikdramen ist die Charakterisierung von Personen und Elementen der Handlung. Im Spielfilm hingegen kommt ihr die Funktion der Integration der musikalischen Schicht zu.[188] Die folgende Abbildung verdeutlicht das Prinzip der *Leitmotivtechnik*:[189]

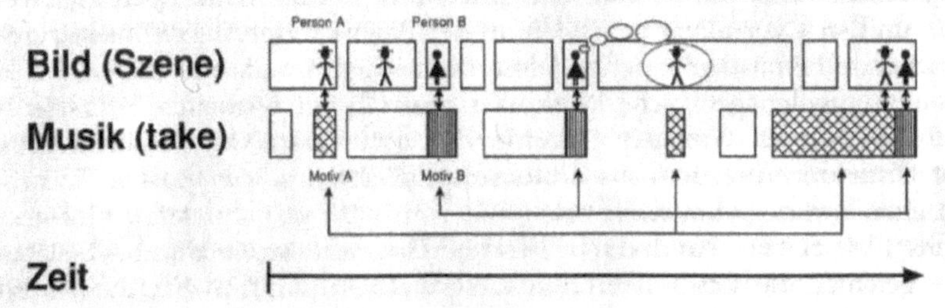

Leitmotive müssen erst im Verlauf des Films erlernt werden. Jedes erneute Auftreten eines Leitmotivs bewirkt eine Veränderung desselben im Filmverlauf. Dabei ist nicht nur die musikalische Struktur entscheidend, sondern jede neue Bildzugehörigkeit zur Musik. So wird der konnotative Gehalt des Motivs erhöht – das Leitmotiv wird um neue Asso-

185 Vgl. Ebd. S. 88 f.

186 Vgl. Ebd. S. 89 f.

187 Vgl. Ebd. S. 92.

188 Vgl. Lissa 1965: S. 273 f.

189 Bullerjahn 2001: S. 92.

ziation bereichert. Mit fortschreitendem Erlernen des Leitmotivs wird dieses auch ohne direkten Bildbezug im Film verwendet. So werden oft zukünftige Handlungen mithilfe des Leitmotivs angekündigt, Gedankengänge von Protagonisten erläutert oder charakterliche Veränderungen von Filmfiguren oder dramaturgische Verwicklungen verdeutlicht.[190]

Entgegen der *deskriptiven Technik* und der *Mood-Technik,* muss es für eine gut entfaltete *Leitmotivtechnik* eine größere Ausdehnung der Filmmusik im Film geben. Dabei darf allerdings nicht auf eine zu große Zahl unterschiedlicher Leitmotive zurückgegriffen werden, da die Aufnahme dieser ein entsprechend trainiertes Gehör voraussetzt.[191]

9.3.1 Leitmotiv und affektives Gedächtnis

Auf den engen Zusammenhang zwischen Schneiders *affektivem Gedächtnis* und dem Leitmotiv ist bereits eingegangen worden. Dabei wurde schon auf ein leicht erkennbares Leitmotiv in *Die Schöne und das Biest* hingewiesen. Innerhalb der Beschreibung des *affektiven Gedächtnisses* wurde das Motiv als „Zaubermotiv" benannt und analysiert.

Diese Umsetzungsform findet sich durchaus häufiger in den Disney-Animationsfilmen wieder – ein kleines Leitmotiv, dass in diversen Stellen des Films in Erscheinung tritt um auf die Bedeutung der Szene aufmerksam zu machen. So wird das Motiv von *Can you feel the love tonight* aus *Der König der Löwen* bereits viel früher im Film eingesetzt und der Zuschauer schon unbewusst für die Liebe zwischen Nala und Simba sensibilisiert. Auf dem Weg zum Wasserloch erklärt Zazu den beiden jungen Löwen, dass sie füreinander bestimmt sind. Leise und zart erklingt im Hintergrund dazu *Can you feel the love tonight.* Dass es sich hierbei um ein Leitmotiv handelt, kann man bei erstmaliger Rezeption aufgrund der ersten Ausführung noch nicht wissen. Trotzdem kann der Zuschauer das Motiv unbewusst wahrnehmen. Später singen schließlich Nala und Simba als ausgewachsene Löwen das vollständige Lied. Aufmerksame Zuhörer werden sich an die Vorhersage Zazus erinnern können. Da dieses Motiv nur zweimal auftritt, ist es bei weitem kein voll entwickeltes Leitmotiv. Deshalb fügt es sich in der Form des *affektiven Gedächtnisses* auch nur als kleines und dennoch bemerkenswertes Leitmotiv ein.

190 Vgl. Ebd. S. 92.

191 Vgl. Ebd. S. 93.

Ein weiteres Leitmotiv ist im Zusammenhang mit den Menschen in Bambi entworfen worden. Dieses ist zwar immer noch nicht voll entwickelt, da es im Verlauf des Films keinerlei Veränderung vollzieht, allerdings tritt es öfter auf als das kleine Leitmotiv im *König der Löwen*.

Wann immer eine Bedrohung durch Menschen aufkommt, ertönen drei laute bedrohliche abwärtstonierende Violinen. Erstmals sind diese zu hören, als Bambi zum ersten Mal auf der Wiese ist und die Menschen vom Vater Bambis gewittert werden. Daraufhin warnt er die Rehe auf der Wiese, wobei stetig im Hintergrund das Motiv der Menschen erklingt, ohne dass diese zu sehen sind. Das Motiv wird mit steigender Panik Bambis und der Mutter lauter und schneller bis es schließlich kurz vor einem Schuss zum stoppen kommt, als Bambi mit seinem Vater in den Wald geflüchtet ist. Das Motiv erklingt erneut, als Bambi und seine Mutter im Winter das erste grüne Gras fressen. Das Motiv erklingt erst leise, ohne dass die Mutter überhaupt eine Witterung der Menschen aufgenommen hat. Es wird schließlich lauter und kommt im Crescendo mit dem Schuss, der Bambis Mutter tötet zum Stillstand. Das Motiv wird schließlich noch einmal real, als Feline in der Höhle von Bambi aufwacht und bemerkt, dass Bambi nicht da ist. Sie begibt sich in Panik versetzt auf die Suche nach Bambi. Das Motiv erklingt erst leise und wird schließlich immer lauter und aufdringlicher mit fortschreitender Panik vor den Menschen, die von den Vögeln ebenfalls wahrgenommen werden. Mit dem ersten Schuss wird das Motiv kurz ausgesetzt, um kurze Zeit später leise im Hintergrund das hektische und durcheinander wirkende Orchester zu untermalen. Das Motiv wird immer wieder unterbrochen, um dann kurz darauf wieder aufzutauchen. Letztmalig ist es vor Ausbrechen des Feuers mit dem Schuss auf Bambi zu hören. Das Feuer als neue Bedrohung, die nicht direkt vom Menschen ausgeht, bedarf das Motiv der Menschen nicht. Auch wenn die Menschen nie im Film zu sehen sind, so ist das Motiv eindeutig den Menschen zuzuordnen.

9.3.2 Arielle, die Meerjungfrau

Arielle, die Meerjungfrau gehört zu den Filmen, die sehr leitmotivlastig sind. In diesem später entstandenem Film kann tatsächlich von einem voll entwickelten Leitmotiv gesprochen werden. Nicht jeder Disney-Animationsfilm verfolgt ein Leitmotiv in dieser konstanten und hartnäckigen Form.

Das Motiv von Arielle als Meerjungfrau wird besonders pedantisch verfolgt. Erstmals zu hören ist ihr Motiv in der Titelmusik. Dort ist es erst leise und sehr langsam in hohen Lagen zu hören. Zunächst wird es nur von einer Soloquerflöte gespielt, während ein Fisch den Zuschauer mit hinunter in die Welt unter dem Meer entführt. Es setzen Streicher und ein hauchzarter Chor ein je tiefer der Fisch schwimmt. Schließlich leitet ein Beckenschlag den Gesang der Meeresbewohner auf das Motiv Arielles ein. Als Arielle das erste Mal zu sehen ist, befindet sie sich mit Fabius auf dem Weg zu einem Schiffswrack. Im Hintergund erklingt ihr sanftes von Violinen umgesetztes Motiv unverbraucht und zaghaft. Im Schiffswrack schließlich glimmt ihr Motiv kurz laut auf, als sie eine Gabel entdecken. Das Aufrufen ist wie eine Art Vorausdeutung ihres Charakters zu verstehen, lieber ein Mensch als eine Meerjungfrau sein zu wollen. Das Motiv wird schließlich in *Part of Your World* einmal von einem ganzen Lied, gesungen von Arielle, ausgespielt. Arielle befindet sich in ihrer Höhle, in der sie ihre Sammlung menschlicher Dinge versteckt und singt *Part of Your World.* Dabei erkennt der Zuschauer das Motiv wieder und es gewinnt durch den Text eine inhaltliche Komponente. Der Zuschauer ist in der Lage das Motiv als Sehnsucht zu einem menschlichen Dasein zu erkennen. Die Melodie, die über dem Text in den Noten liegt, wird als ihr Motiv immer wieder aufgegriffen:[192]

Arielle singt ihr Motiv erneut, als sie Eric nach einem Schiffbruch aus dem Wasser an Land gebracht hat. Das wird schließlich weiter verfolgt. Sie summt es heiter und fröhlich, wenn sie sich verliebt vor dem Spiegel zurechtmacht. Es erklingt instrumental nur von einer Querflöte leise und zurückhaltend, als sie, nachdem ihr Vater ihr Versteck mit ihrer Menschensammlung zerstört hat, am Boden liegt und weint. Es erklingt gezerrt, als wäre etwas in Arielle zerbrochen. Danach spielt Eric am Strand

192 Menken, Alan: *Part of Your World.* Klavier- und Chorauszug. In: *The Little Mermaid* (Medley from Walt Disney Pictures). Lyrics: Howard Ashman, Music: Alan Menken, Arrangement: Roger Emerson. Sheet Music: 2-Part Choir (Soprano, Alto). USA: Hal Leonard Corporation/ Walt Disney Music Co. and Wonderland Music. Co. 1988. S. 10.

diese Melodie mit seiner Blockflöte nach. Es ist das einzige, das ihm von seiner Lebensretterin in Erinnerung geblieben ist. Direkt im Anschluss wird Arielle von der Kamera eingefangen. Sie sitzt am Strand im Wasser. Ihr Motiv erklingt zunächst wie im Lied und dann, als sie ihre Beine sieht (sie wurde gerade von Ursula verwandelt), erklingt das Motiv erneut eine Oktave höher. Es ertönt positiv fröhlich und aufsteigend wie ein Feuerwerk. Das Motiv tritt wieder auf, als Arielle Eric und den Hund Max am Abend von ihrem Zimmer aus beobachtet. Es spiegelt die Grenze wieder, die es immer noch zwischen Erics und Arielles Welt gibt. In der nächsten Nacht spielt Eric das Motiv mit seiner Blockflöte erneut in Sehnsucht an seine Lebensretterin. Schließlich wirft er die Flöte ins Meer und die Stimmung wird durch Streicher spannungsvoll aufgeladen, bis das Motiv Arielles klar und deutlich auf „ah“ gesungen erklingt. Eric sieht schließlich Vanessa, die verwandelte Meerhexe Ursula, am Strand entlanglaufen im Glauben sie würde das Motiv singen. Arielles Motiv gleicht eher einem Engelsgesang und wird von einer Harfe begleitet. Der engelsgleiche Klang lässt darauf schließen, dass es sich um eine Fälschung handelt, die zu schön ist um wahr zu sein. Vanessa ist nicht Arielle, singt allerdings Arielles Motiv, ohne dass Eric das weiß. Er glaubt also sie wäre die Frau, die er sucht. Nur die Musik lässt den Betrug durchblicken und entlarvt Vanessa als Trugbild. Schließlich singt Arielle ihr Motiv wieder, als sie ihre Stimme zurück bekommt. Es klingt wieder frei und wird Arielle gerecht. Das Motiv erklingt zuletzt noch einmal in vollen Violinen, als Sebastian kurz vor Ende des Films zu Triton sagt, dass Kinder frei sein müssen. Der Bezug zu Arielle, die ebenfalls frei sein will, wird so über ihr Motiv hergestellt. Die Töne aus ihrem Motiv erklingen zaghaft unter der weiteren musikalischen Instrumentation, als Arielle in einen Menschen verwandelt wird und dann auf Eric zugeht. Schließlich erstrahlt ihr Motiv in voller Orchesterbesetzung zu Beginn der Hochzeitsfeier auf dem Schiff. Leiser und etwas traurig erklingt es schließlich final bei der Verabschiedung Arielles von ihrem Vater und ihrem Leben unter dem Meer.

Das Motiv von Arielle wird durchgängig im Film angebracht. Es erlebt dabei diverse Veränderungen je nach Stimmung und charakterlicher Veränderung. Eine Verwendung des Leitmotivs in der Form hätte sich Walt Disney auch gewünscht, ein Motiv, dass sich mit seinem zugehörigen Charakter wandelt.

9.4 Die Baukastentechnik

Bei der *Baukastentechnik* oder auch *Montagetechnik* werden kleinste Bausteine, d.h. „[...] vollständig harmonisierte Einzeltakt-Zellen oder eintaktige rhythmische oder melodische Motiv-Zellen, mittels Repitition zu zumeist Vier- oder Achttaktmustern zusammengefügt oder auch kombiniert [...]"[193] werden. Diese Muster werden dann baukastenartig zu einer Komposition zusammenmontiert. Die folgende Abbildung verdeutlicht dieses Verfahren noch einmal:[194]

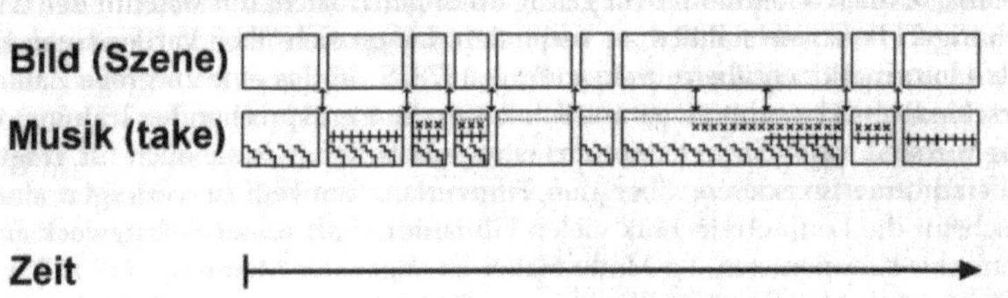

Diese Technik erinnert an die Technik des Filmschnitts. Der Effekt dieser Musik ist weder eine zum Filmbild bewegungssynchrone noch eine die Stimmung verdoppelnde. Stattdessen stellt sie eine Reaktion des Komponisten auf die übergreifende Idee des Films dar. Dadurch bleibt die Filmmusik weitgehend autonom.[195]

Die Beschreibung zu dieser Technik zeigt, dass es sich hierbei unmöglich um eine Technik handeln kann, die in den Disney-Animationsfilmen zum Tragen kommen könnte. Dafür ist die Musik in diesen Filmen viel zu sehr in den Inhalt und die detaillierten Darstellungen verwickelt. Die Technik soll deshalb auch nur zur Vollständigkeit Erwähnung finden.

193 Bullerjahn 2001: S. 93.

194 Bullerjahn 2001: S. 94.

195 Vgl. Bullerjahn 2001: S. 93 f.

10 Schlussbemerkung

Filmmusik scheint in den aktuellen Medien zu einer selbstverständlichen Präsenz herangewachsen zu sein. Die Musik war seit Beginn des Films immer vorhanden. So wurde sie denn auch stets bei den Academy-Verleihungen berücksichtigt und gewann sogar noch zunehmend an Bedeutung. Walt Disney erkannte schon sehr früh das Potential einer guten Musik im Film und nutzte seinen Instinkt geschickt im Wettbewerb um den Markt.

Auf die Bedeutung der Musik im Film um bestimmte Effekte zu erzielen ist innerhalb der Untersuchung hinlänglich eingegangen worden. Dabei steht außer Frage, dass die Musik im Animationsfilm etwas Besonderes ausmacht. Nicht nur, dass die Musik entgegen dem Verfahren im Realfilm für den Animationsfilm vor Entstehung der Bilder komponiert wird, die Musik wird auch einzigartig in den Film eingearbeitet. Leitmotive und Stimmungsbilder können leicht auch im Realfilm vermittelt werden. Die Entwicklung von Charakteren oder der deskriptive Effekt sprechender Bilder in Kombination mit parodistischer Musik kann dagegen nur im Animationsfilm mit so glamourösem Resultat erreicht werden, wie es der Disney-Company in ihren Filmen bisher gelang und auch weiterhin gelingt.

Natürlich hilft es jedem Film, wenn die Filmmusik an erfolgreichen Komponisten wie Hans Zimmer und Frank Churchill gemessen werden kann. Immer häufiger werden die Musiken aber auch von aktuellen Popikonen komponiert und dienen so der Vermarktung der Filme. Elton John ist dabei nur einer unter vielen populären Sängern. Nicht wenige lassen sich für Filmmusik begeistern, denn zumeist wirbt der Film, wenn er gut ist, für die Musik des Sängers und er kann sich über höhere Verkaufszahlen seiner Alben freuen.

Und was wäre auch eine Film ohne die Musik. Die romantische Stimmung im Abendlicht, das Mitfiebern des Zuschauers mit den Hauptfiguren, aber auch die Einstimmung in den Film mithilfe der Titelmusik würden zu neutralen Bildern mehr oder weniger am Publikum vorbeiziehen, ohne dass es dem Gesehenen eine Bedeutung beimessen würde. Die Musik trägt also essentiell zur Aufnahme des Films bei. Denn ohne sie würde der Film leer und flach wirken.

Was so leicht und einfach wirkt, entpuppt sich dessen ungeachtet als äußerst schwieriger, langwieriger und auch differenzierter Prozess. Filmmusik entsteht eben nicht mal eben nebenbei. Und trotzdem ist es gerade die gewisse Leichtigkeit, die es dem Zuschauer ermöglicht, einen Film unbeschwert und entspannt aufzunehmen. Techniken wie das

Mickeymousing und die des Leitmotivs dürfen für diesen Effekt in ihrer Entwicklung und Anwendung keinerlei Fehler beinhalten. Die Geduld und Liebe zum Detail, die sich in den Bildern der Disney-Animationsfilme wiederspiegeln, geben deshalb wohl auch einen Grund für den Erfolg ihrer Filme. Besonders die Klassiker unter ihnen wie *Die Schöne und das Biest, Der König der Löwen* oder Schneewittchen *und die Sieben Zwerge* begeistern noch heute ein Millionenpublikum, bei dem das Alter keine Rolle spielt. Die genannten Filme und weitere sieben Filme haben es in die 2001 begründete Platinum Edition geschafft. Die Filme aus dieser Sammlung wurden in regelmäßigen Abständen auf DVD herausgebracht und wieder vom Markt genommen und sind dadurch von unschätzbarem Wert

Der Erfolg der Filme ist nicht zuletzt an deren Filmmusik gekoppelt. Dies zeigt der aktive Markt an Soundtracks, die zu den Filmen erscheinen, aber auch die Produktion verschiedener Disney-Animationsfilme als Musicals, die teilweise sogar am Broadway produziert werden.

Die spannende und vielleicht auch kritische Frage, die nur die Zeit beantworten kann, ist die nach dem zukünftigen Gebrauch der Musik im Film. Bisher haben sich Techniken der Filmmusik und des Films stetig weiter entwickelt. Beide Genre haben dabei von ihren jeweiligen technischen Fortschritten profitiert und sind auch weiterhin miteinander symbiotisch umgegangen. Doch wie viel Entwicklungspotential steckt noch im Film und in der Musik. Wird es eine neue Form der Symbiose von Film und Musik geben? Wird sich die Musik auch weiterhin im Film behaupten können? Die Analysen innerhalb der Arbeit zeigen zumindest die Bedeutung der Musik für den Film in den vergangenen 115 Jahren. Der Umgang der Musik mit den bestehenden Techniken innerhalb des Films, Funktionen und Verhältnis von Musik und Film zeigt, dass die Symbiose dieser Genre äußerst diffizil ist. Sowohl klassische als auch neuartige Verfahren werden die Musik im Film noch lange antreiben. Die Kritik Kriterien der Filmmusik realer Filme würden nicht auf die Musik animierter Filme anwendbar sein, ist längst nicht so haltbar wie es scheint. Es fragt sich wo die Grenzen dieser speziellen Übereinkunft von Film und Musik sind und ob und inwiefern diese ausgeweitet werden können. In der Beantwortung dieser Fragen wird es auch weiterhin ein Millionenpublikum geben, dass sich Filme nur aufgrund der darin verwendeten Musik ansehen wird. So hat die Filmmusik sich ihr eigenes Publikum erschaffen.

11 Literaturverzeichnis

Primärquellen

Tietyen, David: The Musical World of Walt Disney. Milwaukee, Wisconsin: Hal Leonard Publishing Corporation 1990.

Walt Disney Music Company/Wonderland Music Company, Inc. (Hrsg.): The New Illustrated Treasury of Disney Songs. 6th revised Edition. Hong Kong: Hal Leonard Corporation 2007.

Noten

Churchill, Frank: Little April Shower, Klavierauszug. In: Walt Disney Music Company/Wonderland Music Company, Inc. 2007: S. 61-62.

Churchill, Frank: Heigh-Ho, Klavierauszug. In: Walt Disney Music Company/Wonderland Music Company, Inc. 2007: S. 38-40.

John, Elton: Oh, I just can't wait to be king, Klavier- und Chorauszug. In: The Lion King (Medley from Walt Disney Pictures). Lyrics: Tim Rice, Music: Elton John, Arrangement: Mark Brymer. Sheet Music: 2-Part Choir, Piano Accompaniment (2PTCHOIR/PFA). USA: Hal Leonard Corporation/Walt Disney Music Company 1994: S. 10-15.

Newman, Randy: Down in New Orleans, Klavierauszug. In: The Princess and the Frog (Choral Medley from Walt Disney Pictures). Lyrics: Randy Newman, Music: Randy Newman, Arrangement: Mac Huff. Sheet Music: SATB, Piano Accompaniment (SATB/PFA). USA: Hal Leonard Corporation/Walt Disney Music Company 2010: S. 2-7.

Menken, Alan: Be Our Guest. Klavier- und Chorauszug. In: Beauty and the Beast (Medley from Walt Disney). Lyrics: Howard Ashman, Music: Alan Menken, Arrangement: Roger Emerson. Sheet Music: 2-Part Choir, Piano Accompaniment (2PTCHOIR/PFA). USA: Hal Leonard Corporation/Walt Disney Music Co. and Wonderland Music. Co. 1992: S. 2-8.

Menken, Alan: Part of Your World. Klavier- und Chorauszug. In: The Little Mermaid (Medley from Walt Disney Pictures). Lyrics: Howard Ashman, Music: Alan Menken, Arrangement: Roger Emerson. Sheet Music: 2-Part Choir(Soprano, Alto). USA: Hal Leonard Corporation/Walt Disney Music Co. and Wonderland Music. Co. 1988. S. 6-12.

DVD

Arielle die Meerjungfrau (Special Edition). Regie: John Musker, Ron Clements. Produktion: John Musker, Howard Ashman. Musik: Alan Menken. Drehbuch: John Musker, Ron Clements, Roger Allers. USA 2006: DVD Walt Disney Home Entertainment BGA 0011204.

Bambi. Regie: David D. Hand. Produktion: Walt Disney. Musik: Edward H. Plumb, Frank Churchill, Paul J. Smith. USA 1942: DVD Walt Disney Home Entertainment. Walt Disney Blue Collection 01.

Cinderella. Regie: Clyde Geronimi, Wilfred Jackson, Hamilton Luske. Produktion: Walt Disney. Musik: Paul J. Smith, Oliver Wallace, Mack David, Al Hoffman, Jerry Livingston, Joseph S. Dubin. USA 1950: DVD Walt Disney Home Entertainment. Walt Disney Blue Collection 03.

Das Dschungelbuch: Regie: Wolfgang Reitherman, Wilfred Jackson, Hamilton Luske. Produktion: Walt Disney. Musik: George Bruns, Robert B. Sherman, Richard M. Sherman, Terry Gilkyson, Walter Sheets. USA 1967: DVD Walt Disney Home Entertainment. Walt Disney Blue Collection 07.

Die Schöne und das Biest. Regie: Gary Trousdale, Kirk Wise. Produktion: Don Hahn. Musik: Alan Menken. USA 1991: DVD Walt Disney Home Entertainment. Walt Disney Blue Collection 10.

König der Löwen. Regie: Roger Allers, Rob Minkoff. Produktion: Don Hahn. Musik: Hans Zimmer, Elton John, Lebohang Morake. USA 1994: DVD Walt Disney Home Entertainment. Walt Disney Blue Collection 12.

Küss den Frosch. Regie: John Musker, Ron Clements. Produktion: Peter Del Veco. Musik: Randy Newman. USA 2009: DVD Walt Disney Studios Home Entertainment BGA 0062504.

Schneewittchen und die sieben Zwerge. Regie: David D. Hand. Produktion: Walt Disney. Musik: Leigh Harline, Paul J. Smith, Frank Churchill, Oliver Wallace. USA 1937: DVD Walt Disney Home Entertainment. Walt Disney Blue Collection 01.

Sekundärquellen

Academy of Motion Picture Arts and Sciences: http://awardsdatabase.oscars.org/ampas_awards/BasicSearchInput.jsp (30.04.2010): Film Title: The Three Little Pigs.

Academy of Motion Picture Arts and Sciences: http://awardsdatabase.oscars.org/ampas_awards/BasicSearchInput.jsp (30.04.2010): Film Title: Snow White and the Seven Dwarfs.

Academy of Motion Picture Arts and Sciences: http://awardsdatabase.oscars.org/ampas_awards/BasicSearchInput.jsp (30.04.2010): Film Title: Bambi.

Academy of Motion Picture Arts and Sciences: http://awardsdatabase.oscars.org/ampas_awards/BasicSearchInput.jsp (30.04.2010): Film Title: Cinderella.

Academy of Motion Picture Arts and Sciences: http://awardsdatabase.oscars.org/ampas_awards/BasicSearchInput.jsp (30.04.2010): Film Title: The Jungle Book.

Academy of Motion Picture Arts and Sciences: http://awardsdatabase.oscars.org/ampas_awards/BasicSearchInput.jsp (30.04.2010): Film Title: The Little Mermaid.

Academy of Motion Picture Arts and Sciences: http://awardsdatabase.oscars.org/ampas_awards/BasicSearchInput.jsp (30.04.2010): Film Title: The Beauty and the Beast.

Academy of Motion Picture Arts and Sciences: http://awardsdatabase.oscars.org/ampas_awards/BasicSearchInput.jsp (30.04.2010): Film Title: The Lion King.

Academy of Motion Picture Arts and Sciences: http://awardsdatabase.oscars.org/ampas_awards/BasicSearchInput.jsp (30.04.2010): Film Title: Up.

Adorno, Theodor W. und Hans Eisler: Komposition für den Film. Frankfurt am Main: Suhrkamp Verlag 2006.

Bullerjahn, Claudia: Grundlagen der Wirkung von Filmmusik. Forum Musikpädagogik Band 43, Reihe Wißner-Lehrbuch Band 5. Augsburg: Wißner-Verlag 2001.

Ehl, Silvia: Die Musikdramaturgie im Animationsfilm. Saarbrücken: VDM Verlag Dr. Müller Aktiengesellschaft und Co. KG 2008.

Flückiger, Barbara: Sound Design. Die virtuelle Klangwelt des Films. 3. Auflage. Marburg : Schüren 2007.

Furniss, Maureen: Klang im Animationsfilm. http://beta.see-this-sound.at/kompendium/abstract/73. (12.03.2010)

Furniss, Maureen: Klang im Animationsfilm. http://beta.see-this-sound.at/kompendium/text/73/2. (12.03.2010)

Furniss, Maureen: Klang im Animationsfilm. http://beta.see-this-sound.at/kompendium/text/73/3. (12.03.2010)

Furniss, Maureen: Klang im Animationsfilm. http://beta.see-this-sound.at/kompendium/text/73/4. (12.03.2010)

Greiner, Hubl: Die Geschichte der Filmmusik. http://www.e-filmmusik.de/geschichte_filmmusik/geschichte_filmmusik.html (13.03.2010)

Heimerdinger, Julia: Neue Musik im Spielfilm. Saarbrücken: PFAU-Verlag 2007.

Johnston, Ollie und Thomas, Frank: The Illusion of Life; First Hyperion Edition, Walt Disney Productions: New York 1981.

Karlin, Fred: Listening to Movies - The Film Lover's Guide to Film Music. New York: Schirmer Books 1994.

Keller, Matthias: Stars und Sounds. Filmmusik - Die dritte Kinodimension. 2. Auflage. Kassel: Bärenreiter-Verlag, Gustav Bosse Verlag 2000.

Kreuzer, Anselm C.: Filmmusik – Geschichte und Analyse. In: Möhrmann, Renate (Hrsg.): Studien zum Theater, Film und Fernsehen. 2., erweiterte und überarbeitete Auflage. Frankfurt am Main: Peter Lang GmbH Europäischer Verlag für Wissenschaften 2003.

la Motte-Haber, Helga de: Filmmusik. http://beta.see-this-sound.at/kompendium/text/71/2. (11.03.2010)

la Motte-Haber, Helga de: Filmmusik. http://beta.see-this-sound.at/kompendium/text/71/3. (12.03.2010)

la Motte-Haber, Helga de: Filmmusik. http://beta.see-this-sound.at/kompendium/text/71/4. (12.03.2010)

la Motte-Haber, Helga de: Filmmusik. http://beta.see-this-sound.at/kompendium/text/71/5. (12.03.2010)

Lexman, Juraj: Theory of Film Music. In: Kováč, Dušan (Hrsg.) : Series of Slovak Academy of Sciences. Volume 2. Frankfurt am Main: Peter Lang GmbH Europäischer Verlag der Wissenschaften 2006.

Lissa, Zofia: Ästhetik der Filmmusik. Berlin: Henschel Verlag 1965.

Lohrmann, Michael: Interview mit Richard Sherman. In: Galore Nr. 10 (2008). S. 52.

Maas, Georg: Filmmusik. In: Bruhn, Herbert, Rolf Oerter und Helmut Rösing (Hrsg.): Musikpsychologie – Ein Handbuch. Reinbek bei Hamburg: Rowolth Taschenbuch Verlag GmbH 1993. S. 203-208.

Maas, Georg und Achim Schudack: Musik und Film – Filmmusik. Informationen und Modelle für die Unterrichtspraxis. Mainz: B. Schott's Söhne 1994.

Manvell, Roger and John Huntley: The Technique of Film Music. 6. revised and enlarged edition. London, New York: Focal Press Ltd., Focal Press Inc. 1980.

MM-MMX Hollywood Foreign Press Association: http://www.goldenglobes.org/browse/year/1989 (27.04.2010)

MM-MMX Hollywood Foreign Press Association: http://www.goldenglobes.org/browse/year/1991 (27.04.2010)

MM-MMX Hollywood Foreign Press Association: http://www.goldenglobes.org/browse/year/1994 (28.04.2010)

Moormann, Peter (Hrsg.): Klassiker der Filmmusik. Stuttgart: Reclam 2009.

Müller, Jan Philip: Steamboat Willie. http://beta.see-this-sound.at/werke/340. (12.03.2010)

Neumeyer, David und James Buhler: Analytical and Interpretive Approaches to Film Music (I): Analysing the Music. In: Donnelly, K.J. (Hrsg.): Film Music. Critical Approaches. Edinburgh: University Press 2001. S. 16-38.

Pauli, Hansjörg: Filmmusik: Ein historisch-kritischer Abriss. In: Schmidt, Hans-Christian (Hrsg.): Musik in den Massenmedien, Rundfunk und Fernsehen – Perspektiven und Materialien. Edition Schott 6664. Mainz: B. Schott's Söhne 1976. S. 91-119.

Pauli, Hansjörg: Filmmusik. In: Deutsches Institut für Fernstudien an der Universität Tübingen (Hrsg.): Funkkolleg Musik - Studienbegleitbrief 11. Weinheim & Basel/Mainz: Beltz & Schott 1978. S. 11-44.

Pauli, Hansjörg: Filmmusik: Stummfilm. Stuttgart: Klett-Cotta 1981.

Reay, Pauline: Music in Film. Soundtrack and Synergy. London, New York: Wallflower Paperback 2004.

Schmidt, Hans-Christian (Hrsg.): Musik in den Massenmedien, Rundfunk und Fernsehen – Perspektiven und Materialien. Edition Schott 6664. Mainz: B. Schott's Söhne 1976.

Schmidt, Hans-Christian: Filmmusik. In: Musik aktuell – Analysen, Beispiele, Kommentare. Kassel: Bärenreiter-Verlag 1982.

Schneider, Norbert Jürgen: Handbuch Filmmusik I – Musikdramaturgie im Neuen Deutschen Film. Kommunikation audiovisuell. Beiträge aus der Hochschule für Fernsehen und Film München. Band 13. 2. Überarbeitete Auflage. München: Verlag Ölschläger GmbH 1990.

Schneider, Norbert Jürgen: Von der Überwindung der Zeit. Die Wahrnehmungspsychologischen Grundlagen Filmmusik. In: KEYS Nr.5 (1990). S. 92-95.

Schneider, Norbert Jürgen: Komponieren für Film und Fernsehen - Ein Handbuch. Mainz: Schott Musik International 1997.

Stevens, Elizabeth Lesly und Ronald Grover: THE ENTERTAINMENT GLUT. http://www.businessweek.com/1998/07/b3565001.htm (20.04.2010)

Thomas, Tony: Filmmusik. Die großen Filmkomponisten - ihre Kunst und ihre Technik. München: Wilhelm Heyne Verlag GmbH & Co. KG 1995.

Walsdorf, Hanna: Minutage und Mickey Mousing. Über das Verhältnis von Ballett- und Filmmusik am Beispiel von Disney's Fantasia (1940). In: Kieler Beiträge zur Filmmusikforschung. Nr. 3 (Mai 2009). S. 34-45.

Weidinger, Andreas: Filmmusik. In: Giesen, Rolf (Hrsg.): Praxis Film. Band 21. Konstanz: UVK Verlagsgesellschaft mbH 2006.

Wehmeier, Rolf: Handbuch Musik im Fernsehen. Praxis und Praktiken bei deutschsprachigen Sendern. Regensburg: ConBrio 1995.

Weis, Elisabeth und John Belton (Hrsg.): Film Sound - Theory and Practice. New York: Columbia University Press 1985.

Zeitfracht Medien GmbH
Ferdinand-Jühlke-Straße 7
99095 Erfurt, Deutschland
produktsicherheit@kolibri360.de